貞觀政要卷第一

論君道一　論政體二

君道第一　凡五章

貞[illegible]太宗謂侍臣曰為君之道必須先存[illegible]損百姓以奉其身猶割股以啖腹（股一作脛啖音淡食也）腹飽而身斃若安天下必須先正其身未有身正而影曲上理而下亂者也朕

NHK 100分 de 名著 ブックス

貞観政要

Jouganseiyou

世を革《あらた》めるのはリーダーのみにあらず

出口治明

NHK出版

はじめに——どんな人にも役立つリーダー論の古典

『貞観政要《じょうがんせいよう》』——もしかすると、この書物の名を初めて聞いたという人がいるかもしれません。この本は中国で生まれた、世界最高といってもいいリーダー論の古典です。

『貞観政要』は、唐（六一八〜九〇七）の第二代皇帝、太宗《たいそう》・李世民《りせいみん》と、その臣下たちの言行録です。「太宗」とは、創業者（高祖・太祖）に次ぐ功績のあった皇帝に与えられる廟号《びょうごう》（死後、廟に祀《まつ》る際に贈られる尊号）です。「貞観」は当時の元号（西暦六二七〜六四九）です。この貞観の時代は、長い中国の歴史で四回しかなかったとされる盛《せい》世《せい》、すなわち、国内が平和に治まり繁栄した時代のひとつといわれています。「政要」とは、政治の要諦を意味します。

このタイトルからわかるように、『貞観政要』とは貞観時代の政治のポイントをまとめた書物であり、そこには、貞観という稀《まれ》に見る平和な時代を築いたリーダーと、そのフォロワーたちの姿が鮮明に記録されています。そんな書物ですから、のちの時代の皇帝たち、例えばモンゴル帝国の第五代皇帝クビライや、清の第六代皇帝乾隆帝《けんりゅうてい》などの名君が、帝王学を学ぶために愛読しました。

唐というと、日本では飛鳥～平安時代に派遣された遣唐使が有名ですが、『貞観政要』はおそくとも平安時代前期までには日本に伝わり、鎌倉時代の北条政子、江戸時代の徳川家康、そして明治天皇も愛読したといわれています。

僕が『貞観政要』を初めて読んだのは三十歳くらいのときで、会社員をしていた頃です。もともと歴史好きだったので、唐の太宗の時代が「貞観の治」と呼ばれる盛世のひとつであること、『貞観政要』がリーダーの教科書であることなどは知識として知っていました。一九七八年に、明治書院の「新釈漢文大系」というシリーズから『貞観政要』が刊行されることを知り（下巻は翌年刊行）、ちょうど会社で部下もできたことだしいい機会だ、これを読んだら立派なリーダーになれるかもしれない、などと思って読んでみました。以来今日まで、この本は僕の座右の書の一冊であり続けています。

国も時代も異なる書物が、現在の私たちの役に立つのか？　反射的にそんな疑問を持つ人がいるかもしれません。しかし僕は、千四百年ほど前の唐の時代から現在に至るまで、ヒトという種はヒトのままだし、脳の構造も進化していないと考えています。つまり人間は、今も昔も一緒なのです。ですから、『貞観政要』は参考になるはずだと素直に考えました。

長い時を経ても人間は少しも賢くなってはいない。僕はこのことも本を通して学びました。

僕は若い頃から音楽が好きで、クラシックのレコードを聴いたり、オーディオに凝ったりしていました。あるとき、十七〜十八世紀につくられたバイオリンの名器ストラディバリウスは、今もって誰も再現できないと書かれた本を読み、疑問を持ちました。ストラディバリウスを分解してその材料や構造を調べることもできるし、どんなニスが使われているのかもわかっている。それなのに再現できないとはどういうことだと。

その「なぜ」を考えながら、生物学や脳の本を読んでいったところ、人間の脳は進化していないというシンプルな答えを見つけました。それでわかったのです。脳が進化していないのであれば、この数百年のあいだに最高のバイオリンをつくる能力を持った人間がいつ生まれるかは、アットランダムだと。つまり偶然なのです。昔の人ができたものを、なぜ今できないのだという考えは、脳は進化していて人間は賢くなっているという前提に立ったものです。その考えが間違っていたのですね。

人間は賢くなっていないのだから、昔の本も大いに参考になる。私たちが古典を読む意味は、まさにそこにあるといえます。

『貞観政要』はリーダー論の最高峰ですが、決して組織のリーダーだけに役立つ本ではありません。この本は部下の立場にある人たちにも、また組織には属していないという人にとっても必ず参考になります。なぜなら、すべての人間は一人では生きられないからです。一人で生きていけない以上、私たちは必ず複数の人と関わって生きることになります。複数の人が集まると、そこには自ずと役割というものが生まれます。

例えばマンションの自治会。自治会では住民の交流イベントを行ったりしますが、そのとき、映画の上映会であれば映画に詳しい人がリーダーになり、生け花教室であれば生け花の得意な人がみんなを引っ張ります。こうした自主的な集まりであっても、そこには自ずとリーダーとフォロワーが生まれるのです。これは人間社会のすべてに当てはまります。仕事で、地域で、あるいは友人との飲み会で、私たちはしばしば「チーム」の一員になります。そして、そこには必ずリーダーとフォロワーがいる。ですから、そのあるべき姿を描いた『貞観政要』は、どんな人にとっても役に立つ本なのです。

ちなみに、リーダーとはチームで何かをするときのひとつの「機能」です。誤解しがちですが、人間として偉いわけではまったくありません。このことについても、のちほど詳しくお話しししたいと思います。

それでは、平和な時代を築いた太宗とはどんなリーダーだったのか、彼は臣下たちとどんな話をしていたのか、早速ひもといていきましょう。

目次

第3章

第4章

※本書における『貞観政要』の引用は原田種成訳（新釈漢文大系、明治書院刊）に拠りますが、読みやすさを考慮して、ふりがなや句読点を一部補っています。

第1章――優れたリーダーの条件

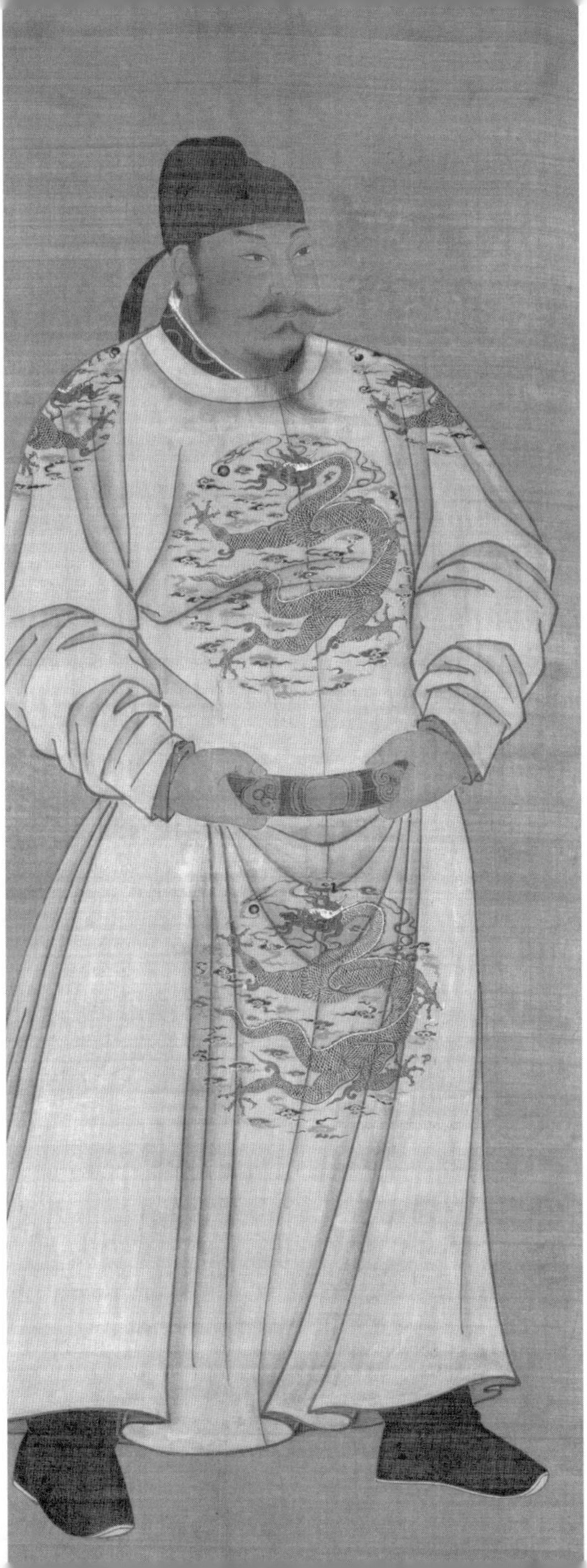

名君誕生のいきさつ

『貞観政要』にその言行が記された唐の第二代皇帝、太宗・李世民（在位六二六〜六四九）は、のちに「貞観の治」と呼ばれる太平の世を実現した名君です。太宗はなぜ立派な皇帝になれたのでしょうか。『貞観政要』という中国の古典をよりよく理解するために、まずは時代背景からお話ししたいと思います。

唐（六一八〜九〇七）を建国したのは、李世民の父、李淵《りえん》*1です。唐の前に中国を統一していた隋《ずい》は、大運河をつくるなど土木事業を盛んに行って民衆を疲弊《ひへい》させ、周辺国への遠征に失敗したりするなど失政が続いたため、人々の反乱が起こり、わずか三十八年で滅んでしまいました。ちなみに隋と唐はともに、北方から移動してきた遊牧民にルーツを持つ王朝で、李淵は隋の第二代皇帝のいとこにあたります。

唐を建国するにあたって功績があったのが、李淵の次男、李世民でした。李世民はまだ二十歳を過ぎたばかりの若者だったのですが、李淵に挙兵を勧め、自ら軍隊を率いて敵対勢力を平定し、建国間もない唐を軌道に乗せる重要な役割を果たしました。

しかし、そんな李世民の活躍を快く思わない人もいました。それが、李淵の長男、李《り》建成《けんせい》です。皇太子の地位も弟によって奪われかねないと危惧《きぐ》した李建成は、四男の李《り》元《げん》吉《きっ》と図って、次男である李世民の殺害を計画します。その動きを察知した李世民は先手を打ちました。臣下らと謀り、兄と弟を殺害したのです。この事件は「玄武門《げんぶもん》の変」と呼ばれています。玄武門の変のあと、李世民は父の李淵を軟禁して実権を掌握。二十九歳にして第二代皇帝に即位しました。

李世民が皇帝となった背景には、実はこのような血なまぐさいドラマがあったのです。兄弟を殺して実力で帝位を奪い取った。このとてつもない汚名を返上するには、いったいどうすればいいのか。李世民が出した答えは、「優れた皇帝になること」でした。ひたすら正しい政治を行い、部下の言うことを聞いて、人民のために尽くし、贅沢《ぜいたく》をせず、業績をたくさん残してみんなに認めてもらうしかない。そう考えたのです。

李世民がこのように考えることができたのは、ひとつには彼自身が賢い人だったからです。加えて、そこには「易姓革命《えきせいかくめい》」という中国ならではのロジックがありました。易姓革命とは、王朝の交代について孟子《もうし》[*2]の考えに裏付けられた思想で、徳を失った王朝が天から見放され（天命が革《あらた》まる）、王家の姓が易《か》わる（変わる）という理論です。天は君主に人民を統治させていますが、その様子をいつもチェックしていて、悪政が行われていれば天災を起こして君主に警告を発し、それが無視されると、今度は人民に反乱を起こさせて、新しい王朝に取って代わらせるのです。

この考え方に従えば、滅んだ王朝の最後の君主は悪政を行った人、ということになりますね。実際に、隋の最後の皇帝である煬帝《ようだい》は、中国史を代表する暴君とされています。もちろんこのロジックには、現王朝の正統性を担保するために都合のいい考え方だという側面もあります。煬帝が本当にそこまでの悪政を行ったのかどうかは、評価が分かれるところです。

いずれにせよ、易姓革命と煬帝の存在は、李世民に大きく影響したと考えられます。というのも、煬帝と李世民は即位の事情が似ているからです。ともに次男で皇太子ではなく、肉親を殺したのちに帝位に就いている。おそらく李世民は次のように考えたのでしょう。煬帝は暴君ということになっているが、実は自分と似ている。ということは、人々の中には自分を悪く思っている人もいるだろう。このままではまずい。自分が立派な皇帝だと思われるためには、ひたすら自分を律して良い政治を行うしかない。そうすれば、のちの時代にもそう悪く書かれることはないだろう。同時に、易姓革命の思想にのっとって、煬帝のことは貶《おとし》めるようにしよう。

こうして李世民は心を入れ替え、良きリーダーとは何かを一所懸命考え、それを実践する道を歩み始めたのです。

煬《よう》帝《だい》

（五六九～六一八）

隋の第二代皇帝（在位604～618）。名は楊広。煬帝は諡号《しごう》。日本では遣隋使の小野妹子が持参した「日出づる処の天子、書を日没する処の天子に致す」という国書に激怒した皇帝として知られている。

黄河・淮水《わいすい》・長江をつなぎ南の豊かな物資や税を都にスムーズに運ぶ幹線水路として大運河を建設したが、この運河建設と3回の高句麗《こうくり》遠征の失敗は各地に大反乱を招いた。616年以降は政治を投げ出して南の離宮（江都）で逃亡生活を送ったのち、近衛兵に殺された。

中国の歴史書（正史）の編纂は、太宗李世民の時代に、家業から国家事業になった。正史をまとめるのは国の文書館の仕事であり、皇帝の意向が少なからず反映される。李世民の立場であれば、煬帝の悪政を思いのままに誇張することもできたであろう。煬帝と李世民は即位の事情が類似していたため（16ページ参照）、李世民には、煬帝を暴君に仕立て上げ、自らを名君と演出する動機もあった。もちろん李世民が名君であったことは間違いないが、歴史書に見える李世民や煬帝の評価には、過分に脚色がなされていることには留意が必要であろう。

李世民を支えた臣下たち

李世民は皇帝として国を治めるにあたり、有能な臣下を数多く登用しました。中でもとくに有名なのが、房玄齢《ぼうげんれい》、杜如晦《とじょかい》、魏徴《ぎちょう》の三名です。彼らは『貞観政要』にもしばしば登場します。

房玄齢と杜如晦は、李世民が即位する前から彼に仕えていた側近です。玄武門の変にも加わっています。唐の諸制度をつくり上げた房玄齢は、貞観の治の立役者の一人。唐の成立当初は人材の養成や推薦に努め、組織編成に尽力しました。杜如晦の才能を見抜いて李世民に推挙したのも彼です。その杜如晦は、政治や軍事面で力を発揮しました。

一方、魏徴はもともとの臣下ではなく、いわゆる外様《とざま》です。はじめは李世民の兄の李建成に仕えていたのですが、彼の死後、李世民に才能を見出され、登用されました。李世民は、自分に敵対したかどうかではなく、その人物の行動の根本原理を見て、重用するかどうかを決めていました。

魏徴は、かつて仕えた李建成に、「あなたの弟の世民は能力も野望も桁外れだから、早く殺しなさい。さもないとあなたが殺されます」と言い続けていました。しかし、優柔不断な李建成はその進言を受け入れることができず、結局は殺されてしまう。犯罪人として捕らえられた魏徴は李世民に、「あなたの兄上がもっと賢かったら、私は罪人にならずに済んだものを」と言ったそうです。これを聞いた李世民は、直ちに彼を側近として使うことを決めます。自分の殺害を計画した者の臣下であっても、実力があれば積極的に側に置いたのです。

上に立つ者の過失を遠慮なく指摘して忠告することを「諫言《かんげん》」と言います。魏徴は、この諫言を仕事とする諫議大夫《かんぎたいふ》という役職に就きました。そして、李世民が誤った政策を進めようとしたり、リーダーとしてやるべきことをやっていなかったりしたときには、進んで忠告を行いました。こうした事情もあって、『貞観政要』でもっとも多く登場する臣下です。

僕は、モンゴル帝国の第五代皇帝クビライ[*3]を史上もっとも有能なリーダーの一人だと思っているのですが、彼は生涯にわたって自分にとっての「魏徴」を探し続けたといわれています。あれだけの大帝国をつくった大人物でありながら、自分にはまだ足りないところがあるかもしれないと思っていた。そして、それを指摘してくれる人を求めていた。魏徴のような人物は、とても稀有《けう》な存在なのです。

太宗の功臣たち①

房玄齢《ぼうげんれい》（五七八〜六四八）

唐初の政治家。太宗が即位する前から仕え、626年の玄武門の変の計画を主導。その際、李建成が弟・李世民を暗殺するため、父・李淵にありもしないことを吹き込み、世民の懐刀とされる房玄齢と杜如晦を追い払おうとした。それでも李世民は房玄齢と杜如晦を道士に変装させて自邸に呼び寄せ、対策を協議し、兄と弟を討ち取った。

太宗の即位後は尚書左僕射《しょうしょさぼくや》として貞観の治の実現に貢献。また、太宗の命により正史『隋書』などの編纂を総監するとともに、自身は『三国志』の「魏」に続く西晋・東晋・五胡十六国の正史『晋書』の編纂にあたった。

杜如晦《とじょかい》（五八五〜六三〇）

唐初の政治家。房玄齢らとともに玄武門の変に参加。唐が建国され李世民が秦王になると、「天下を治めようとされるなら、彼でなければ他に人材はありません」という房玄齢の推薦の言葉によって秦王府に入った。

太宗の即位後は兵部尚書や尚書右僕射を務める。深謀や企画力に優れた房玄齢に対し、杜如晦は政治・軍事両面における決断力で知られる。貞観の治の実現に大きく貢献した2人の功臣は「房杜《ぼうと》」と並び称された。

魏《ぎ》徴《ちょう》
（五八〇～六四三）

唐初の政治家。隋末に李淵に降り、はじめは李建成に仕えるが、玄武門の変のあと太宗に仕えてすぐに諫議大夫《かんぎたいふ》に抜擢された。『隋書』や『群書治要』の編纂者、「人生意気に感ず、功名誰か復《また》論ぜん」で終わる「述懐」の作詩者としても名を成した。

のちに「十八学士」「二十四功臣」と記録されるように、太宗には多くの側近がいた。なかでも重要な役職が諫議大夫であり、ことに有名なのが魏徴と褚遂良である。とくに魏徴は中国史上もっとも苛烈な諫臣として知られ、信義に厚く、太宗の耳が痛くなろうとも戒め続けた。太宗、皇后らとともに昭陵の九嵕山《きゅうそうざん》山上に葬られている。

褚《ちょ》遂《すい》良《りょう》
（五九六～六五八）

唐初の政治家・書家。641年に諫議大夫に就く。644年には房玄齢とともに正史『晋書』の編纂を命じられている。また褚遂良は、東晋の書家・王羲之《おうぎし》の書風を継承する唐初の三大書家の一人でもあり、太宗が王羲之の書「蘭亭序《らんていじょ》」を収集する際には鑑定にあたり誤ることがなかったとされる。

皇太子・李治の教育にあたったが、太宗死去後の655年、高宗李治が皇后王氏を廃し武則天を立后するのに反対し極諫したため、潭州《たんしゅう》、桂州《けいしゅう》、さらに愛州（現在のベトナム領）に左遷された。

『貞観政要』の成立

『貞観政要』は、李世民の死後五十年あまり経ったとき、呉兢《ごきょう》*4という歴史家によって編纂《へんさん》されました。死後比較的早く記録がまとめられた背景には、李世民が歴史を記録する役所、すなわち「史館《しかん》」を設けたことが影響していると考えられます。

中国では古来、王朝の正式な歴史である「正史」がまとめられてきました。唐より前の時代には、歴史を書くことは家業でした。代々鍛冶屋《かじや》の家があるように、歴史を書くことを職業とする家があったのです。例えば、漢の時代は司馬家が歴史を書くことを担当する家系でした。有名な司馬遷《しばせん》の『史記《しき》』*5も、彼が自発的に一人で書いたわけではなく、父親の遺業を引き継ぐ形で完成させたものです。

ところが、唐の時代になると文献が増えすぎて、とてもひとつの家ではまとめきれなくなってきた。そこで李世民は、史館という役所をつくり、歴史の編纂を政府が管理する仕事に変えたのです。役所ができたからには役人が置かれ、日々の出来事が組織立って記録されるようになります。皇帝である李世民の一挙手一投足もすべて記録されました。あとになって正史をまとめる際の材料にするためです。

このようにして溜まっていった記録を、呉兢はどこかのタイミングで読んだのでしょう。想像するに、「これは『唐書《とうじょ》』を編纂する材料になるけれど、あまりにいいことが書いてあるので、ひとつ自分が先にまとめてやろう」と思ったのではないでしょうか。呉兢が活躍していた時期は、短い期間に皇帝が何人も変わっており、新しい皇帝に貞観の治を参考にしてもらいたいという期待もあったと思います。具体的にどの皇帝に献上されたのかについては、第四代中宗《ちゅうそう》、第六代玄宗《げんそう》、あるいは二人にそれぞれ別バージョンが進呈された、などいくつかの説があります。

『貞観政要』は、全十巻四十編で構成されています。内容は、おもに李世民とその臣下による問答から成っています。これは、「子曰《しいわ》く」で始まる『論語』などがそうであるように、中国の書物にはよく見られる形式です。また、比喩表現が巧みなことも『貞観政要』の特徴のひとつと言えるでしょう。

君主は寄生階級にすぎない

では、早速内容に入っていきましょう。まず、太宗・李世民が考え、実践した名君の条件とはどんなものかがわかる箇所をピックアップして、読んでいきます。

貞観初年、太宗は臣下たちを前にこう述べました。

君《きみ》たるの道《みち》は、必《かなら》ず須《すべか》らく先《ま》づ百姓《ひやくせい》を存《そん》すべし。若《も》し百姓《ひやくせい》を損《そん》じて以《もつ》て其《そ》の身《み》に奉《ほう》ぜば、猶《な》ほ脛《はぎ》を割《さ》きて以《もつ》て腹《はら》に啖《くら》はすがごとし。腹飽《はらあ》きて身斃《みたふ》る。

（巻第一　君道第一　第一章）

現代語訳ではこうなります。

君主としての道は、必ずぜひとも人民たちをあわれみ、恩恵を施さなければならない。もし、〔重税を取り立てなどして〕人民をむごく苦しめて、君主の身〔の贅沢な生活〕にあてるのは、ちょうど自分の足の肉を割いて自分の腹に食わすのと同じである。満腹したときには、その身が死んでしまう。

ここで太宗は、人民を「足」に、君主を「腹」になぞらえています。そうすることで、君主と政府と人民が一体であることを家臣に伝えているのです。

空腹を満たそうと思い、たくさんの肉を食べた。けれど、その肉が自分の足の肉だとしたらどうでしょうか。食べるたびに足が衰えて、いずれは立っていられなくなり、身を滅ぼしてしまいます。人民と君主の関係も同じです。君主の贅沢のために重税を課せば、人民は疲弊します。君主を恨むものが出てくるかもしれません。これでは国の安泰は図れない。だから太宗は自身の贅沢を戒めたのです。

太宗は続けて述べます。

人がその身を破滅するのは、〔その原因が〕外部から来るのではなくして、すべて、〔その人自身の〕欲望のために破滅の禍《わざわ》いを招くのである。もし、うまい料理ばかりを食べ、音楽や女色を愛好すれば、欲望は限りなく多く、〔それに要する〕費用もまた莫大である。それは、政事の妨げとなる上に、また、人民の生活を乱すものである。その上にまた、君主が一つでも道理にはずれた言を出せば、万民は、そのために統一が乱れ、君主を恨《うら》みそしる声が起こり、離反や謀反《むほん》をする者も起こる。我は、常にこういうことを思って、決して自己の欲望のままにかって気ままな行為はしないのである。（同前）

当時の根幹となる産業は農業でした。しかし、太宗が自ら畑を耕し収穫を行っていたわけではありません。太宗を支えていたのは、人民がつくる農作物や、彼らが納める税金でした。つまり、人民が生産階級だとすれば、君主（リーダー）は、人民に頼るしかない寄生階級なのです。太宗はそのことをよくわかっていました。人民が弱れば、寄生階級である自分も死ぬ。だからこそ太宗は、人民が気持ちよく働けるゆとりを奪うような重税を課すことはしませんでした。

君主が贅沢をしたために国が滅んだという例は、世界史にいくらでもありますね。フランス革命も、ルイ十四世、ルイ十五世が宮廷で贅沢をし、戦争にお金を使いすぎたことがそもそもの発端でした。

「自分はわかっている」と過信しない

同じく貞観初年、太宗は次のようなことを言っています。

我は幼少の時から弓矢を好んだ。自分では、弓については奥儀を極めたものと思っていた。ところが、近ごろ良弓十数張を手に入れ、それを弓工に示した。すると弓工は、「すべて良材ではございません」という。さらにその理由を問うと、弓工がいうには、「弓の木の心《しん》がまっすぐでございませんときは、木の木目《もくめ》が皆まがっています。そういう弓は、どんなに剛勁《ごうけい》であっても、矢がまっすぐに飛びません。ですから良弓ではございません」ということであった。そこで我は始めて次のように悟《さと》った。自分は弓矢でもって四方の群雄を撃ち破り、弓を使うことが多かった。それなのに、〔弓工に言われてみれば、自分は弓について〕その筋目の曲直がよくわかっていなかったのである。まして、自分は天子となって、まだ日が浅いから、政治のやり方の精神を得ることについては、当然、弓を用いた経験には及ばないはずである。〔長年得意としていた〕弓でさえも、その見方が間違っていたのだから、まして、政治については、自分はまだ全然わかっていないのに相違ない。

（巻第一　政体第二　第一章）

自分は弓矢が得意である。しかし、弓の専門家に間違いを指摘されれば、素直にそれを受け入れる。太宗の謙虚さがよくわかるエピソードですね。さらに太宗は、長年親しんだ弓矢でさえそうなのだから、初めて司る政治については何も知らないに等しいはずだと考えます。だから役人たちを常に側に置き、いつでも彼らの意見を聞き、人民の様子を知るように努力したと続けています。

専門家の意見を謙虚に聞く。太宗はこの姿勢を大事にしていましたが、決して自分には能力がないと思っていたわけではないと思います。むしろ、自分にも能力があるという気持ちを抑えていたのではないでしょうか。せっかく優秀な部下が大勢集まっているのだから、彼らに聞いたほうが結果的に得策に違いない。そう考えたのだと想像します。

太宗がもともと謙虚な性格だったのかどうかはわかりません。しかし彼は、リーダーになるにあたって肉親を殺したという大きなハンディキャップを背負っていました。だからこそ、自分は謙虚でなければいけないという意識を強烈に持っていたと思います。そして、そのとおりに実行できた。ここが太宗の立派なところです。

謙虚でいなければいけない。わかってはいても、人間はなかなか謙虚でいることができません。会社の社長でも、社長に就任したときは「みんなのお陰だ、これからも助けてくれ」などと言いながら、一年も経てば、ふんぞり返って部下の話を聞くようになる。どうしても偉ぶってしまうのです。

では、太宗のように謙虚であり続けるにはどうすればいいのでしょうか。これはいかに自分をコントロールするかということにつながりますが、そのためにはいくつかの方法があります。

一つは、太宗のように大きなハンディキャップを持つということ。「ハンディキャップを取り返さねば」というプレッシャーに常にさらされることで、自分を抑えられるようになります。もう一つは、ギリシャ哲学の一派であるストア派[*6]が説いたように、運命を受け入れるという一種のあきらめを持つことです。自分はリーダーになる運命だったのだから、もう贅沢はできない。そういう価値観を受け入れるのです。これはある種の禁欲ですから、宗教を信じてそれを実践する態度にもつながるでしょう。

そして、周囲が寄ってたかって「あかん、あかん」と言い続けてくれる仕組みをつくることです。太宗がやったように、皇帝にダメ出しする役目を諫議大夫という職制として置くのも、リーダーが傲慢《ごうまん》にならないための仕組みです。太宗は自ら心がけるだけではなく、自らがつくった仕組みによっても自分を律していたのです。

明君と暗君の違い

貞観二年、太宗は諫議大夫である魏徴に、「どのような人物が明君で、どのような人物が暗君だと思うか」と質問しています。魏徴の答えは次のようなものでした。

君が明らかである理由は、多くの人の意見を聞〔いてその良いものを用いる〕からであります。その暗い理由は、一方の人の言うことだけを信じるからであります。詩経《しきょう》に「昔の賢者が言っている。薪《まき》を採るような賤《いや》しい人の意見も聞く」とあります。昔、堯舜《ぎょうしゅん》の政治は、四方の門を開いて〔賢俊を来たらせ〕、四方の視聴を広め〔てふさがることがないようにし」たのであります。ですから、その聖なることは、照らさないことはありませんでした。そのために共工《きょうこう》・鯀《こん》のやからも、聖明を塞ぐことはできなかったのであり、静かなときは能《よ》く言うが用いるときは違うという言行不一致の者も惑わすことができなかったのであります。

（巻第一　君道第一　第二章）

中国語の原文では、多くの人の意見を聞くことを「兼聴」、一方の人の言うことだけを信じることは「偏信」とあります。「堯舜」とは伝説上の帝王で、聖人といわれる堯と舜の二帝のこと。「共工」は堯舜時代の悪人の代表で、「鯀」は治水工事に失敗して舜に殺された人物です。つまりこの部分では、そんな悪人たちといえども、四方をくまなく見て多くの人の声に耳を傾ける聡明な君主は、惑わせることができなかったと言っているのです。

ここで魏徴が述べていることは、現代のビジネスシーンで言えば「360度評価」の大切さです。「360度評価」とは、立場が異なる複数の人が行う人事評価方法のことです。人物やものごとの見え方は、見る人や見る角度によって変わります。ですから、ものごとを公平に、客観的に評価するためには、さまざまな視点からの意見を集める必要があるのです。

リーダーの大事な仕事のひとつは、たとえ詳しい事情がわからない中であっても、右か左かの判断をくださねばならないことです。そのとき、情報は多いほうがいいですね。だからリーダーこそ、相手を選ばずに人の話に耳を傾けるべきなのです。

リーダーが、自分の好きな部下や、ゴマすり上手な職員の話ばかりを聞いていたら、どうなるでしょうか。彼らはリーダーが気に入るような話しかしませんから、やがてリーダーは裸の王様になります。すると、いざというときに判断を誤る確率が高まります。

リーダーに求められるもの、それは、相性の悪い人や嫌いな人、耳の痛いことを言う人の意見にこそ耳を傾け、それを正面から受け止める姿勢なのです。

耳の痛い話こそ聞け

太宗は、自分にとって耳の痛い話、すなわち諫言を積極的に求めました。これは太宗が優れたリーダーであるもっとも大きな理由のひとつです。『貞観政要』の中にも、太宗が臣下たちに諫言してくれとはっきり告げる一節があります。

古来の帝王の多くは、自分の感情のままに喜んだり怒ったりし、喜べば、やたらに功績のない者に褒美《ほうび》をやり、怒れば、やたらに罪のない者を殺してしまう。それだから、天下の死喪や禍乱《からん》というものは、こういう〔帝王の無反省な〕行動に原因しないものはない。我は、今、朝早くから夜おそくまで、この問題について心にかけないことはなかった。だから、いつも公等《こうら》の真心を尽くして遠慮なく徹底的に我を諫《いさ》めてくれることを希望している。そして、公等もまた、ぜひとも他人の諫めのことばを受《う》け納《い》れねばならない。どうして、他人の言が自分の意見と同じでないからといって、そのまま自分の短所をかばいまもり、他人の言を受け納れないことができようか。もし、人の諫めを受けることができなければ、どうして、人を諫めることができ得ようぞ。

（巻第二　求諫第四　第四章）

太宗はここで歴史に学んでいます。昔の王朝が滅んだ理由は何か。それは、リーダーである皇帝が自分の感情のままに振る舞ったからだ。だから国が乱れたのだと。そう結論した太宗は、自分もそうなるかもしれないから、どうかそのときには自分を諫めてくれ、と部下に言い渡したのです。そして部下にも、同じように他人の諫めを受け入れる姿勢を求めたのです。

人の器は大きくならない

いきなり妙な言葉を持ち出すようですが、僕は「人間ちょぼちょぼ」主義者です。人間の能力はそれほど高くもないし、個人間では大差もない。そう考えています。人の意見を求める太宗も同じで、人間ちょぼちょぼ主義者だったのではないでしょうか。

ちょぼちょぼの人間にできることは限られています。何かを成し遂げようと思っても、皇帝一人では何もできない。臣下や人民に頼るしかありません。これは職場でも、学校でも、地域の暮らしにおいてもまったく同じです。一人の人間にできることは限られているという前提に立てば、他人の力を借りる、あるいは他人に任せる以外、ビジネスを成長させたり、豊かな暮らしを営んだりする方法はないと思えるはずです。

一方で僕は、「どんな組織もリーダーの器以上のことはできない」とも考えています。歴史を学ぶとそのことがよくわかりますね。ならば、リーダーの器を大きくすればいいと考えがちなのですが、話はそう簡単ではありません。なぜなら、そもそも人の器のおよその容量は決まっていて、簡単に大きくすることはできないからです。

人間には持って生まれた器（能力）があります。「努力すれば人の器は大きくなる」という発想は、根拠なき精神論に過ぎません。ひたすら練習すれば誰でも百メートルを九秒台で走れるかというと、そんなことはあり得ませんね。スプリンターとしての器は先天的なものだからです。

自分の器を劇的に大きくすることはできない。しかし、器が大きくならなくても、自分の器の容量を増やす方法はあります。それは、器の中身を捨てることです。器に入っているものを全部捨てて、空っぽの状態にする。言い換えれば、自分の好みや価値観など、こだわっている部分をすべて消してしまうのです。自分が築きあげたと自負する仕事観や人生観、自分は正しいという思い込みなどを、いったんすべて捨てて、無にしてしまう。頭の中をゼロの状態に戻すことができれば、器が大きくならなくても、新しい考え方を吸収し、自分を正しく律することができるはずです。

すでに述べたように、太宗は積極的な諫言を部下に奨励しました。彼がその諫言を受け入れることができたのは、自分の器の中身を空っぽにしたからです。自分がそれまで持っていた価値観を捨て、新しい価値観を受け入れる。このことができたからこそ、太宗は「偏信」に陥ることはなかったのです。

リーダーとは「機能」である

リーダーというと、ぼんやりと「組織の中で一番偉い人」と、とらえている人がいるようですが、リーダーは決して人間として偉いわけではありません。ここを誤解してはいけないと思います。リーダーは、組織を運営するための機能のひとつにすぎません。とあるチームで仕事を回すために割り当てられた役割がたまたまリーダーであっただけで、その意味では、リーダーとフォロワー、あるいは上司と部下は、チームにおいて単に違う機能を担っているだけという関係にあります。

この機能の違いを十分に認識した上で、リーダーがフォロワーの仕事を奪わない、必要以上に干渉しないということも非常に重要です。僕はこれを「権限の感覚」と呼んでいます。『貞観政要』にも次のようなエピソードがあります。

太宗の言行が、史官によって日々記録されていることはすでに述べました。ある日、太宗は諫議大夫の褚遂良《ちょすいりょう》に対して、内容に口出しすることはないから、その記録を見せてくれないかと持ちかけます。この太宗の求めに対して、褚遂良が答える場面です。

今の起居の職は、古昔《こせき》の左史《さし》右史《ゆうし》であり、人君の言行を記録するのが職責であります。〔ですから、君主の言行は〕善悪にかかわらず必ず書きしるし、〔悪いこともそのままに書きますから〕人主が法にはずれた行為をなされないようにと願うものであります。帝王が御自身で記録を御覧になるという例は古来から聞いたことがございません。

（巻第七　論文史第二十八　第四章）

褚遂良が伝えたかったのは、まさに「権限の感覚」ではないでしょうか。皇帝の権限はあまりに強大です。もし太宗が記録を見るようになったら、史官は太宗に忖度《そんたく》して、ありのままの言行を記録しない可能性すらある。それでは本末転倒です。太宗自身は、記録の内容に干渉しないと付け加えていましたが、権限を飛び越えようとしたこと自体が問題なのです。

太宗の仕事は、国をよく治めることです。広い視野に立ち、国の内外が今どのような状況にあるのかを見極め、進むべき方向性を示して適材適所に人材を配置する。そんな仕事をするべき人が、自分がどのように書かれているかを気にかけてはならない。そのようなことを、褚遂良は伝えたかったのだと思います。

なお、この問答を聞いていた別の臣下は、次のように述べて太宗を諫めています。

人君に過失があるのは、それは、日食や月食と同様で、万民が皆それを見ております。仮りに褚遂良にその過失を記録させないとしても、天下の万民が皆それを心に記憶しておりましょう。

（同前）

たとえ記録をさせなくても、人民たちは見ている。皇帝にこんなことを直言できる臣下がいたことに、あらためて驚かされます。

上司は部下の権限を代行できない

重要なのは「権限の感覚」を持つこと。上司といえども部下の権限は代行できない。これも、頭ではわかっていても実行するのが難しいことのひとつではないでしょうか。なぜなら、人間は自分の得意なことにはつい口出しをしたくなるものだからです。

海外にいくつも拠点を持つ大企業を例に考えてみましょう。アメリカの拠点に長く赴任した人はアメリカ市場に詳しくなる。中国に赴任した人は中国市場に詳しくなる。当然のことです。あるとき社長交代の人事があり、中国の赴任経験が長い人が新しい社長になったとします。その人は一般的にどう行動しがちかというと、中国事業に口を出すのです。職場で自分より中国事業に詳しい人はいない。だから自分が先頭に立つ。でも、それをやっていると部下は絶対に育ちません。部下は「中国のことは社長にお伺いを立ててから進めないと恐い」と思うようになり、自分で判断しなくなるからです。

ではどうすればいいのか。社長は、中国のことはすべて部下に任せるべきなのです。

中国事業については詳しいのですから、仮に中国ビジネスがおかしくなってもいつでも立て直すことができるはずです。ですから中国のことにはいっさい口を出さず、自分が知らない分野に懸命に取り組むのです。すると部下は、「あれだけ中国に詳しい社長が全部任せてくれている」と考えて必死にがんばります。一方、アメリカやヨーロッパの部門では、「社長は欧米市場のことはあまり知らないはずなのに、一所懸命自分たちの話を聞いて勉強している」となりますね。組織全体がハッピーになるのです。

マンションの自治会でも同じです。例えば、交流会の開催を知らせるチラシの作成を、パソコンの得意な人に頼んだとします。そこに、自治会のリーダーが「自分は現役時代に印刷の仕事をしていたから知識がある」などと言って、あれこれ口出しをしたらどうなるでしょうか。頼まれた人はやる気をなくし、リーダーの仕事が増えるだけです。

リーダーは、自分の得意なことや好きなことをやってはいけない。これも『貞観政要』が説く実に大切な教えです。

優れたリーダーは「器」をゼロにする

ここまで、良きリーダーの条件を『貞観政要』の中に見てきました。では、まとめると「理想のリーダー」とはどんな人になるのでしょうか。

いきなり身《み》も蓋《ふた》もないことを言いますが、時代も場所も超えた普遍的な「理想のリーダー像」というものは存在しません。『貞観政要』の中に、創業と守成はどちらが難しいかという有名な問答があります。ビジネスに置き換えていえば、起業と事業継続はどちらが大変かという問題ですね。この問答については第4章で詳しく解説しますが、そもそもこうした問いが出てくるということ自体、創業のときに必要な能力と、守成の時代に必要な能力が違うことを意味しています。あるいは、社会がどんどん成長しているときに必要なリーダーと、成長が落ち着いた時代に必要なリーダーは違うことを物語っています。例えば、戦後の高度成長期には、やることを決めたらあとは「黙って俺に付いてこい」というタイプのリーダーでよかった。しかしアイデア勝負の現代に必要なのは、部下を自由にさせてアイデアを出させる、放し飼い型のリーダーです。

このように、理想のリーダーは時代によって違う。だからこそ器が大事なのです。自分のそれまでの経験や価値観を絶対視して、「これが理想のリーダーだ」などと思っているようではまだまだです。どうせ人間の器の大きさには大差がないのですから、人の上に立つ人は、まずは器を空っぽにして、いろいろな人の意見を聞き、その上で、例えば「今は上り調子だ」と確信できれば、その状況に合った組織を編成してその方向に進めばいいのです。

リーダーの重要な仕事は、時代や状況をきちんと見て、どういう組織を編成すればベストかを判断することです。僕は、組織の強さは資産運用と同じで、ポートフォリオ（組み合わせ、配置）で決まると考えています。誰に何を担当させるのかを決めた段階で、その組織のパフォーマンスはほとんど決まるのです。いかに時代に合ったポートフォリオを組めるか。リーダーの真価はそこにかかっていると言えるでしょう。

太宗は、肉親を殺して帝位に就いたというハンディキャップを克服するため、一所懸命理想的な皇帝になろうと努力しました。優秀な臣下たちを側に置き、自分を諫める役職まで新設しました。こうした努力と制度設計ができるのが、太宗の真にすごいところです。太宗は、自分の器をゼロにすることができたリーダーなのです。

『貞観政要』関連略年表

日本(倭)の出来事 ▽

隋

581 楊堅《ようけん》(文帝)、隋《ずい》を建国。
大興城(長安)の建設や律令制度に基づく中央集権化が始まる

589 文帝、陳を滅ぼし南北統一

▶600 第1回遣隋使を派遣

604 文帝没。楊広《ようこう》(煬帝《ようだい》)即位。
以後、大運河建設、高句麗遠征などが始まり
民衆の負担が増し政情不安定に

▶604 憲法十七条制定

▶607 第2回遣隋使の持参した国書が煬帝の不興を買う

617 隋の太原留守《たいげんりゅうしゅ》・李淵《りえん》、挙兵して長安を占拠

618 煬帝、殺害される。李淵(高祖)即位し、唐を建国

唐

626 李世民(太宗)、玄武門の変で兄弟を殺害し、父高祖の譲位を受けて即位

貞観の治

627 「貞観の治」始まる。中央の三省六部・地方の州県制などの官僚制整備が始まる

629 玄奘《げんじょう》、経典を求めてインドに旅立つ(〜645)

▶630 第1回遣唐使を派遣

640 儒教の基本教典・五経の解釈を統一するため孔穎達《くようだつ》らに
官撰注釈書『五経正義』の編纂を命じる

▶645 乙巳の変(大化の改新)

646 玄奘『大唐西域記』完成

649 太宗没。李治(高宗)即位

▶663 白村江の戦い(倭軍、唐・新羅軍に大敗)

670 呉兢《ごきょう》(**『貞観政要』**編者)生まれる(〜749)

▶672 壬申の乱

683 高宗没。李顕《りけん》(中宗)即位。中宗の実母・武則天が実権を握る

684 武則天、中宗を廃し実子で中宗の弟・李旦《りたん》(睿宗《えいそう》)を擁立

日本

690 武則天、睿宗を廃して自ら即位、国号を周と改める(〜705、武周革命)。
科挙官僚を登用

705 中宗復位(唐の復活)。武則天死去

710 中宗、韋后に殺害され、韋后は睿宗の子・李隆基《りりゅうき》に殺される。
睿宗復位し、隆基が皇太子に

▶710 平城京遷都

712 李隆基(玄宗)、睿宗の譲位を受け即位

▶794 平安京遷都

875 黄巣の乱(〜884)

▶894 遣唐使派遣中止

907 朱全忠、唐を滅ぼし後梁を建国(五代十国時代が始まる)

＊1　李淵
五六五～六三五。唐の初代皇帝（在位六一八～六二六）。廟号は高祖。六一七年、混乱する隋王朝の立て直しをスローガンに挙兵。隋の第二代皇帝・煬帝が揚州の離宮に逃れていて不在だった長安に入城。翌六一八年に即位し、唐王朝を開く。李淵自身は大きな野心は持つものの決断力と実行力に乏しく、挙兵から即位までの一連の出来事は李世民（太宗）が計画・主導したとされる。

＊2　孟子
前三七二頃～前二八九頃。戦国期の儒家。性善説を説いたことで知られる。諸侯や弟子との対話を記録した『孟子』の中に次のような話がある。ある王が孟子に「殷や周のように臣下が王を殺して新王朝を建てることは是認できるだろうか」と尋ねると、孟子は「仁を損なう者は賊、義を破壊する者は残と言い、残賊はもはや君主ではありません」と答え、悪逆の王を倒して新王朝を打ち建てる「放伐」を是認した。

＊3　クビライ
一二一五～九四。モンゴル帝国第五代皇帝（在位一二六〇～九四）・元王朝の初代皇帝。廟号は世祖。チンギス・カンの孫。六七年から都の大都（現在の北京）の建設にとりかかり、七一年には国号を「大元」と定めた。七九年に南宋を滅ぼしてモンゴル高原から江南までの領域を統一し、前後して高麗や日本、東南アジアにも遠征軍を派遣した。

＊4　呉兢
六七〇～七四九。第四代中宗から第六代玄宗時代の歴史家で、太宗が設立した史館で正史編纂に携わった。史館は、それまでのように地位の低い、ある省内の一部局ではなく、宰相クラスの人物が責任者となって修史にあたった独立機関。

＊5　司馬遷の『史記』

前漢時代の歴史家・司馬遷（前一四五／前一三五〜？）は史官の家に生まれ、父の死後その遺業を継いで修史に励むが、ある事件で皇帝の怒りを買い宮刑（宦官にされる刑）に処されるものの、屈辱に耐えながら『史記』を完成させた。この大著は五帝の伝説時代からの二千数百年間を記した通史で、皇帝の年代記（本紀）と臣下の伝記（列伝）などからなる（紀伝体）。

＊6　ストア派

ヘレニズム・古代ローマ時代の哲学の一派。ゼノン（前三三五〜前二六三）がアテネのストア・ポイキレ（彩色柱廊）で教えたのでストア派と呼ばれた。倫理学を重視し、厳格な禁欲によって心の平安を求める。「ストイック」という言葉は、ストア派の哲学に由来する。

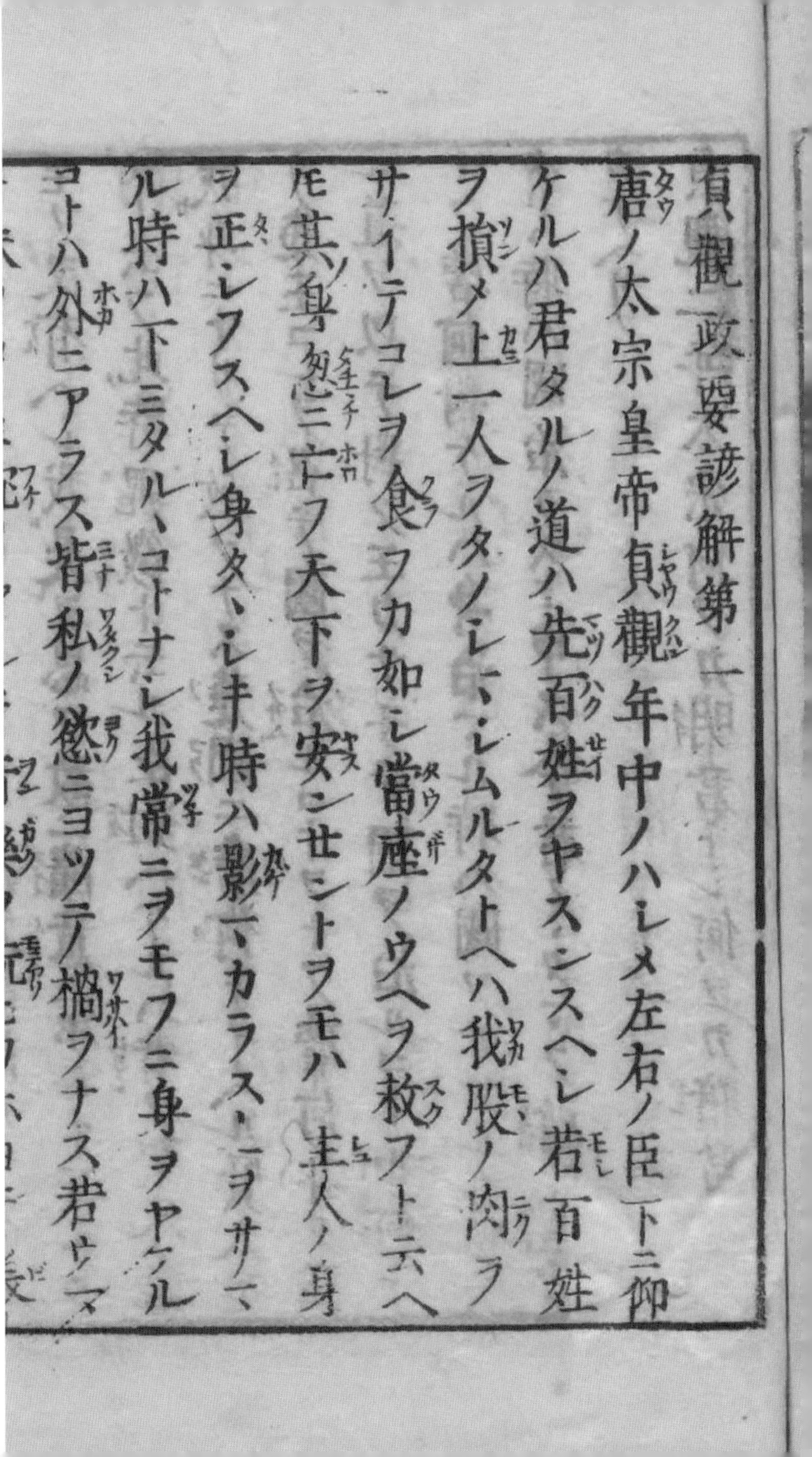

貞観政要諺解第一

唐《タウ》ノ太宗皇帝貞観《ジヤウクハン》年中ノハしメ左右ノ臣下ニ御ケルハ君タルノ道ハ先《マツ》百姓《ハクセイ》ヲヤスンスヘし若《モシ》百姓ヲ損《ソン》メ上《カミ》一人ヲタノしミ・しムルタトヘハ我股《ワカモヽ》ノ肉《ニク》ヲサイテコレヲ食《クラフ》カ如し當座《タウザ》ノウヘヲ救《スク》フト云《イフ》ヘモ其ノ身忽《タチマチ》ニ亡《ホロフ》天下ヲ安《ヤス》んセントヲモハヽ主《シユ》人ノ身ヲ正《タヾ》しクスヘし身タヽしキ時ハ影《カゲ》ヽカラス・ニヲサマル時ハ下《シモ》ミタルヽコトナし我常《ツネ》ニヲモフニ身ヲヤフルコトハ外《ホカ》ニアラス皆《ミナ》私《ワタクシ》ノ慾《ヨク》ニヨツテ禍《ワザハイ》ヲナス若《モシ》ソレ

歴史が書き残される国

前章で、太宗は兄である皇太子を殺して帝位を簒奪《さんだつ》したというハンディキャップを克服するために、一所懸命良い政治を行おうと努力したと話しました。太宗を駆り立てた背景には、「歴史が書き残される」という中国の特殊な事情があります。

中国では古来、政権が変わると、現王朝が前王朝の「正史」、すなわち正式な歴史というものを編纂してきました。中国では、司馬遷の『史記』から『明史《みんし》』までの二十四史[*1]が歴代の正史とされています。この正史にはおおむね正しいことが書いてあるのですが、現王朝が易姓革命の思想に則して書くため、前王朝の最後の君主は必ず悪人になっていること、唐の太宗の時代にこの編纂の仕事が家業から役所の管轄に変わったことは、前回見たとおりです。

このように正史が書き継がれる国では、君主が悪いことをすれば確実に記録されます。兄を殺害して帝位を奪った皇帝が、その後まったく良い政治をしなかったとしたら、前者の事実だけが歴史に残るでしょう。太宗としてはそれだけは避けたい。これが正史を残さない国であったら、太宗とて楽をしようと思ったことでしょう。

中国が歴史を書き残す国になったのは、「漢字」と「紙」があったからです。文字数制限のあるツイッター（現・X《エックス》）などを使ってみるとすぐにわかりますが、漢字はアルファベットなどに比べて圧倒的に情報量が多い文字です。さらに中国は紙を発明した国です。紙は、大量生産が可能で、耐久性があり、転写もしやすい。まさに画期的な筆記媒体です。漢字と紙があったからこそ、中国は紀元前の始皇帝《しこうてい》*2の時代に始まった文書行政を完成させ、優秀な官僚を登用する隋以降の国家試験（科挙《かきょ》*3）を実施することができたのです。

そして何より、歴史を確実に書き残すことができた。だからこそ太宗も、後世に名君として名を残したいと願い、立派な皇帝になろうと努力したのです。

「良い決断」はいかに可能か

後世に悪口を書かれないために、太宗は自らの言動を絶えず律していました。そして君主としての判断を誤らないよう、三つのことを実践していました。それについて太宗が述べた一節を読んでみましょう。

貞観十六年に、太宗が諫議大夫の褚遂良に語って言われた、「公は天子の言行を記録する官を兼ねている。このごろ我が行う事の善悪を記しているかどうか」と。

遂良が〔お答えして〕言った、「史官の記録は、君主の挙動を必ず書きしるします。善事はいうまでもなく必ず書し、過失もまた書いて隠すことがありません」と。太宗が〔重ねて〕言われた、「今、我は勤めて三つの事を実行している。それは、史官が我の悪を書かないことを望むからである。一には前代の〔帝王の〕失敗の事を手本として戒めとする。二には善人を進め用いて、共に良い政治を完成しようと思う。三には多くの小人どもを退けて、讒言《ざんげん》を聞き納れないことである。我はこの三事をよく守って、最後まで変えまいと思う」と。　（巻第六　杜讒佞第二十三　第八章）

ここで太宗は、自身が実践している三つの行いを挙げ、これを最後まで変えることなく続けると述べています。

一つ目は、歴史に学ぶこと、とくに過去の皇帝の失敗に学ぶことです。これは今でも通じることですが、過去のケースを見るときには失敗のほうが参考になります。うまくいった事例というものは、たいていみんなが話を盛っていますから、あまり役に立ちません。自分の経験の場合でも、成功した体験よりも、失敗して痛い目に遭ったときのほうが、人間は多くを学ぶのではないでしょうか。

二つ目は、優秀な人たちを登用して一緒に仕事をすること。つまり、臣下を用いるときには、好き嫌いではなく能力を重視することです。

三つ目は、取るに足らない噂や忠告を聞かないということです。臣下の中には、「ご注進、ご注進」と寄ってくるゴマすりがいて、「あの人は陰であなたの悪口を言っていましたよ」などと告げ口をしてくる。そんなことをいちいち聞いていては、君主は不安になるだけです。ですから、二つ目と三つ目は対になっていて、告げ口や陰口は聞くだけ無駄、良い政治をするには善人を側に置いて閣議を設け、みんなで一緒に議論することが大切だ、と太宗は言っているのです。

この点については『三国志《さんごくし》』*4に有名なエピソードがありますね。魏《ぎ》の曹操《そうそう》*5は、官渡《かんと》の戦いで華北最大の敵であった袁紹《えんしょう》*6を破ります。そのとき、曹操の部下が袁紹側に内通していたであろう、袁紹宛の手紙がたくさん出てきました。おそらく、「お金をくれたら曹操を裏切ってもいい」などといったことが書いてある。配下の裏切り者を知る絶好の機会です。ところが曹操は、それらの手紙は読まずに、臣下の前ですべて焼き捨てました。

このエピソードは一般には、裏切りをなかったことにしてくれた曹操に部下たちは改めて忠誠を誓った、逆に曹操はそうすることで部下を掌握した、と解釈されています。

しかし僕は、その解釈だけでは足りないと考えています。というのは、曹操も本当は手紙を読みたかったに違いないからです。部下たちは自分のことを何と書いていたのか、気になって当たり前です。しかし、もし自分がそれを読んでしまったら、疑心暗鬼が生じることを曹操はわかっていました。だから、手紙を読まずに焼くことによって、自分の心を諫めたのです。そちらのファクターのほうが大きいと僕は思います。

曹操の行動は、まさに太宗の三つ目の心がけに通じることでしょう。讒言を耳に入れないことで、曹操は自分の心の平安を保ったわけです。これもリーダーの大切な心がけだと思います。

人材登用の秘訣

リーダーは優秀な部下を用いて共に政治を行い、無駄な告げ口や悪口は聞かないようにする。これを現代のマネジメント用語で言い換えるならば、「フラットでオープンな組織をつくる」ということでしょう。

では、フラットでオープンな組織とは具体的にどのようなものか。その条件のひとつとして、人材登用にあたって依怙贔屓《えこひいき》をしない、ということが挙げられます。ゴマすりを出世させないことはもちろん、自分のライバルの下にいた人であっても、能力があれば登用するのです。太宗は、かつて自分を亡き者にしようとした兄の臣下だった魏徴を、その能力を認めて側近にしています。また、太宗の「反面教師」である隋の煬帝に仕えていた李靖《りせい》（63ページ参照）という武将も臣下にしています。そのいきさつを『貞観政要』の中からご紹介しましょう。

李靖は京兆《けいちょう》の三原《さんげん》県の人である。隋の大業《たいぎょう》の末年に、馬《ば》邑《ゆう》郡の丞《じょう》となった。ちょうどその時、高祖〔引用者註：李淵〕が太原《たいげん》*7の留守《りゅうしゅ》となった。李靖は、高祖の人物を観察し、四方の諸国を攻略しようとする志のあることを知った。そこで自分から事変を上申すると称して江都《こうと》*8へ赴こうとし、長安《ちょうあん》に至ったが、道がふさがって通じないためにやめた。高祖が都の長安を攻略したとき、李靖を捕らえて斬ろうとした。その時、李靖は大声で叫んで、「公が義兵を起こしたのは、暴乱を除くためである。しかるに大事を成そうとしないで、私怨《しえん》によって壮士を斬るのか」と言った。太宗もまた罪を許すことを願った。高祖はそこで李靖を釈放した。

（巻第二　任賢第三　第五章）

「留守」とは、非常時に一定の地域に限って、皇帝の権限を委任される臨時の役職のことです。李靖は高祖がその役に就いているときに、事変を起こそうとしていることを察知し、煬帝に知らせようとします。しかしそれは叶わず、李靖は高祖に捕えられ、斬られそうになるのですが、「正義の軍隊を起こしたあなたが大事を成そうとせず、私怨によって壮士である私を斬るのか」と堂々と叫び、それに太宗が感服したのです。その後、李靖は太宗の下で武将として大活躍します。彼と太宗との問答は『李衛公問対《りえいこうもんたい》』という兵書になっています。

敵陣の人間であっても、優秀ならば用いたほうが得である。この考えに基づく人材登用の例は、中国の歴史には数多くあります。もっとも有名なものは、春秋時代の「管鮑《かんぽう》の交わり」[*9]でしょう。

翻って日本では、一生一人の主君に尽くす忠臣こそ立派だという考えがあります。「それこそが武士道だ」などと言われたりしますね。しかしこれも歴史が明らかにしていますが、実際の武士のあり方はそんなものではありませんでした。戦国時代末期に活躍した藤堂高虎《とうどうたかとら》[*10]という武将は、「武士は六、七回、主君を替えるくらいでないといけない」と言っています。要するに、どんどん転職していい主君に仕え、自分の能力を発揮するのが武士だということです。

なぜ忠臣こそ武士の道だというイメージが広がったのかと言えば、やはり新渡戸稲造《にとべいなぞう》[*11]の『武士道』の影響が大きいでしょう。キリスト教のクエーカー（フレンド派）[*12]の高い倫理観に感銘《かんめい》を受けた新渡戸は、日本にもこういう高い倫理観があったはずだ、ひょっとしたらそれは武士道ではないかという思いに至り、自身の願望を込めて『武士道』を書いた。その内容が、国民を天皇の忠臣に位置付けたい明治政府にとって都合がよかったため、人口に膾炙《かいしゃ》したのですね。

しかし武士道の基本は、主君やお国のために死ぬことではありません。いい主君を見つけて仕え、しかも一族が生き残ることです。典型が真田《さなだ》家です。関ヶ原の戦いで、長男信之《のぶゆき》は東軍に、次男信繁《のぶしげ》（幸村《ゆきむら》）は西軍に付き、どちらが勝っても一族が生き残るようにしました。これは忠義の代表のようにいわれる諸葛亮《しょかつりょう》（孔明《こうめい》）＊13でも同じです。蜀《しょく》の劉備《りゅうび》に迎えられた諸葛孔明ですが、彼の兄弟やいとこは魏にも呉《ご》にも仕えています。つまり、三国のうちどこが勝っても諸葛氏は生き残れるようにしているわけです。

一人の主君に命をかけて忠義を尽くす。裏を返せば、能力はさておき決して自分を裏切らない部下のみを大事にする。そのような考えは、まったく現実的ではないと考えたほうがいいでしょう。

リーダーに必要な「三つの鏡」

優れたリーダーにもっとも必要なもの、それは正しい意思決定ができる能力です。

リーダーの意思決定は、世の中や人の生き方に大きな影響をおよぼしますから、その責任は重大です。

では、良い意思決定をする上で必要な心構えは何でしょうか。そう聞かれたら、僕は迷わず『貞観政要』の中で語られる「三鏡《さんきょう》」を挙げます。太宗は臣下たちに次のように語っています。

いったい銅を鏡とすれば、〔姿を映して〕人の衣冠を正すことができる。昔を鏡とすれば、〔歴史によって〕世の興亡盛衰を知ることができる。人を鏡とすれば、〔その人を手本として〕善悪当否を知ることができる。我は常にこの三つの鏡を持って自己の過ちを防いでいた。

（巻第二　任賢第三　第三章）

太宗はリーダーの要諦として、「銅の鏡」「歴史の鏡」「人の鏡」という三つの鏡を持てと述べています。

「銅の鏡」とは、自分の姿や表情を見る鏡、いわゆる一般的な意味での鏡ですね。リーダーは、自分が部下からどのように見えているかを常にチェックすべしということです。だらしない服装をしていないかもさることながら、僕が非常に重要だと思うのは、部下が付いてくる「いい表情」をしているかどうかを確認することです。

僕は、人の上に立とうとする人間は、いつも元気で、明るく、楽しい表情をしているべきだと考えています。上司がムッとしていて、その職場が楽しくなるでしょうか、部下はのびのびと仕事ができるでしょうか。たまに「不機嫌にしているのが俺の役目だ」などとうそぶく管理職の人たちがいるようですが、僕に言わせればそれは愚の骨頂です。「そうは言っても上司が笑顔でいたら威厳が保てない」「規律が緩んで部下のミスが増えるかもしれない」などと言い張る人がいるかもしれません。それは威厳の意味をはき違えているとしか思えません。温和な笑みを湛えていても、威厳のある人はいくらでもいます。

「歴史の鏡」は、過去に学ぶということです。すでに紹介したように、太宗やその臣下たちは、絶えず歴史を参照しています。将来何が起こるかは誰にもわかりません。しかし悲しいことに、人間にとってそのために備える教材は過去の歴史しかないのです。「人の鏡」とは、自分の側にいる魏徴のような人のことです。人の鏡を見て、その人の直言を率直に聞き入れることが何よりも大切です。裸の王様にならないためにも、自分を客観的に見てくれる他人、すなわち「人の鏡」が重要なのです。

十思九徳をわきまえる

　太宗にとって最大の「人の鏡」は魏徴でした。その魏徴は、過去の皇帝とその治世を観察するに、人民は君主の徳の高さによって平和に治まるが、なかなかその徳行を完遂《かんすい》できた君主はいないと述べています。そして太宗に、君主が心に留めておくべき十の思慮と、積むべき九つの徳行を説くのです。これが「十思九徳《じっしきゅうとく》」と言われるものです。まずは十思から見ていきましょう。内容の区切りがわかりやすいよう、箇条書きに直して引用します。

①欲しいものを見たときには、足るを知ることによって自ら戒めることを思い、
②〔宮殿などを〕営造しようとするときには、止めるを知って民を安んずることを思い、
③高く危いことを思うときには、謙遜《けんそん》して自己をむなしくすることによって自ら処することを思い、
④満ち溢れることを思うときは、江や海があらゆる川よりも低いところにおることを思い、

⑤〔狩猟などをして〕遊び楽しみたいときには、三駆《さんく》を限度とすることを思い、
⑥怠りなまける心配のあるときは、始《はじめ》を慎み終《おわり》を敬することを思い、
⑦〔君主の耳目を〕おおいふさぐもののあることを心配するときは、虚心に臣下の言を納れることを思い、
⑧讒言をする邪悪な臣があるのを恐れるときは、身を正しくして悪を斥けることを思い、
⑨恩恵を加えようとするときには、喜びによって賞を誤ることがないようにと思い、
⑩罰を加えようとするときには、怒りによって、むやみに刑を加えることがないようにと思う

（巻第一　君道第一　第四章）

いずれも謙虚であること、自制心を保つことを説いています。例えば④では、何かをもっと欲しいと思ったときには、大海は小さな川が下（低いところ）へ集まってできたものであることを思い出し、謙虚になりなさいと言っている（謙虚になれば、つまり自分が低くなれば自然と集まってくる）。⑤に見える「三駆」とは、天子が狩猟をする際は、四方を囲まず前面は開けておいて、過度の殺戮《さつりく》を避けるという礼法を指します。つ

まり、楽しみも節度を持って行うべしというわけです。

では、九徳とは何でしょうか。実は、これは『貞観政要』にはその内容が書かれていません。九徳は孔子《こうし》[*14]が編纂したとされる五経のひとつ『書経《しょきょう》』[*15]に見える教えで、魏徴は太宗がそれを読んでいることを知っているので、あえてその内容を詳しく述べてはいないのです。その教えは次のようなものです。

①寛《かん》にして栗《りつ》（寛大な心を持ちながら、不正を許さない厳しさを併せ持つ）
②柔《じゅう》にして立《りつ》（柔和な姿勢を持って、むやみに人と争わない。しかし自分のなすべきことに対しては必ずやりとげる力を持つ）
③愿《げん》にして恭《きょう》（真面目だが、尊大なところがなくて丁寧である）
④乱《らん》にして敬《けい》（事態を収束させる能力がありながら、慎み深く謙虚。相手を決して見下さない）
⑤擾《じょう》にして毅《き》（威張ったりせず、普段はおとなしいが、毅然《きぜん》とした態度や強い芯を持つ）
⑥直《ちょく》にして温《おん》（正直で率直にものをいうが、冷淡ではなく、温かい心を持つ）
⑦簡《かん》にして廉《れん》（物事の細かい点には拘泥《こうでい》しない。おおまかであるが、清廉潔白《せいれんけっぱく》で

ある）

⑧剛《ごう》にして塞《そく》（剛健だが、心が充実している）

⑨彊《きょう》にして義《ぎ》（いかなる困難でも正しいことをやり遂げる強さを持つ）

魏徴は、君主がこれらの十思九徳をわきまえ、才能のある者を選んで任用し、善者を選んでその言に従えば、「君にあっては何事もなさらずして、遊行の楽しみを尽くすことができ、仙人のような長寿を保つことができ、琴をひき鳴らし、手をこまねいて何もせず、何も言わずとも世の中が自然に治まります」と述べています。

魏徴は、老子《ろうし》*16の「無為自然」という思想の中に、理想の君主のあり方を見出していたのかもしれません。無為自然とは、作為的に何かをしたり、干渉したりせず、自然体でいることの大切さを説く教えです。「君主は何もしていないのに、気がついたら、人々の生活が穏やかになっている」という状態が理想であり、策を弄《ろう》せずとも、物事が自ずと良い方向に導かれるような政治を太宗に求めたのです。その鍵が、十思九徳をわきまえることでした。

魏徴の考え方を突き詰めれば、何もしないのが理想のリーダーということになります。このリーダー像に、僕は強く共感します。何もしなくても組織が成り立つのは、適材適所に人を配置できている証拠であり、それこそがリーダーにしかできない仕事だからです。

法に例外をつくるなかれ

組織で決め事をつくったら、みんなが従う。当たり前のことなのですが、残念ながら自分だけを例外視するリーダーが少なくありません。『貞観政要』では「法は天下のもの」として、皇帝といえども法律に従うこと、その運用を勝手に変えてはいけないと説かれています。

貞観初年のある日、長孫無忌《ちようそんむき》（63ページ参照）という旧臣が太宗に呼ばれて宮中に参内《さんだい》しました。長孫無忌は皇后の兄、つまり太宗にとってみれば義理の兄で、玄武門の変でも功績のあった人物です。ところが彼は、宮中では刀を外すという法規をうっかり忘れて帯刀のまま参内してしまいます。門の警護をしている武官（監門校尉《かんもんこうい》）も、長孫無忌が宮中から出てきたときになってようやく気がついた。これが問題視され、処分が評議されることとなりました。

封徳彝《ほうとくい》[*17]という宰相は、武官は死刑に相当し、長孫無忌は二年の労役刑と銅銭を納める罰銅が妥当だと述べました。太宗はその意見に従うことにします。

しかし、その処分に異を唱える者がありました。大理少卿《たいりしょうけい》の戴冑《たいちゅう》です[*18]。今でいう司法次官に相当する彼は、次のように言いました。

監門校尉が気づかなかったのと、長孫無忌がうっかりして帯刀のままで参内したのは、どちらも誤りであることは同じである。臣下が天子に対する場合においては、誤りと言うことは許され〔ず、それは言いわけとしては通ら〕ないものである。法律を適用するに、「天子に奉る、お薬・飲食物や舟を、誤って法に定めてあるようにしないものは皆死刑である」とあります。もし陛下が長孫無忌の国家における勲功を、おとりあげになり、〔特別の処置をなされるならば〕私たち司法官が決定する問題ではありません。しかし、もし、法律によって処断しようとなされるならば、罰銅というのは、適当であるとは言えません。

（巻第五　論公平第十六　第三章）

犯した罪は同じであるはずなのに、昔の功績のあるなしによって刑の重さを変えるのは法に反する、罰は同じように与えるべきだというのですね。この進言を受けて、太宗はこう述べました。

法というものは、天子である我一人のための法ではない。それは天下（万民のため）の法である。どうして、長孫無忌が国家の親戚（皇后の兄）であるという理由によって、簡単に法律を曲げようとすることができようか。

（同前）

結局、監門校尉の死刑は取り下げられることとなりました。

これは、権力者といえども法を私物化してはいけない、恣意的《しいてき》に運用してはならないという戒めの話です。例外を設けたら法ではなくなります。天下に「法律ではこうなっている」と公布した以上は、すべてその通りに適用すべきなのです。

ルネサンス期の政治思想家マキアヴェッリ[*19]が言っているように、部下を怖がらせようと思ったら、アットランダムに殴るのが一番いい。アットランダムということは、いかなる理由によって殴られるかがわからないということですから、みんなが怖がって上にひれ伏します。一方、法律とは「これはダメだ」ということが書いてあるわけで、適正な運用さえすれば人民も怖がることはなく、社会は安定します。

これはどんな組織も同じで、決め事をつくったら、例外を設けてはいけません。とくに上に立つ者ほど、その点に注意せねばなりません。

太宗の功臣たち②

李《り》靖《せい》

（五七一～六四九）

唐初の武将・政治家。隋に仕えたが、太宗のもとに加わったのち名将として活躍。江南など国内を平定するとともに、630年には唐の北辺を侵す東突厥に遠征して頡《けつ》利可汗《りかがん》を降伏させ、635年には西域の吐谷《とよく》渾《こん》を破るなど、唐の北辺・西辺の領域を拡大・安定させた。

太宗との軍事についての問答は『李衛公《りえいこう》問対《もんたい》』という書物にまとめられ、兵法書として「武経七書」のひとつに入るほど高く評価されている。

長孫無忌《ちょうそんむき》

（？～六五九）

唐初の政治家。文徳皇后の兄で、唐朝の外戚にあたる。太宗とは幼時から親しく、房玄齢とともに玄武門の変を計画・推進し、太宗が即位すると重臣として遇された。のちに諸臣の嫉みを恐れた長孫無忌は、皇后を通じて太宗に働きかけ、尚書右僕射《しょうしょうぼくや》の地位を退き、開府儀同三司となる。643年、唐に貢献した「凌煙閣《りょうえんかく》二十四功臣」の筆頭として凌煙閣に列せられた。

太宗の死に際しては褚遂良と共に後事を託され高宗の輔弼《ほひつ》にあたった。また『永徽《えいき》律令格式』『唐律疏議《とうりつそぎ》』の編纂でも知られる。

功ある者でも罰すべきは罰す

『貞観政要』には、功ある者でも罰すべきは罰すという原則も説かれています。

あるとき、高甑生《こうそうせい》という臣下が将軍李靖の軍法を犯し、罰を受けました。そのときある者が、高甑生は太宗の古くからの功臣だから、どうか罪を許してやってほしいと上申しました。太宗はこう答えました。

甑生は李靖の軍法にそむき、また、李靖が反逆を謀《はか》っていると虚偽の申し出をした。この男は秦王府の旧臣*20で、その功労は忘れることはできないけれども、然《しか》しながら国を治め法を守るには、事はぜひとも画一にすべきで、不同があってはならない。今もしこれを赦《ゆる》したならば、万一の幸いを求める道を開くことになるであろう。かつ国家が太原にて義兵を挙げたとき、最初から従属した者や度々の合戦に軍功のあった者は非常に多い。もし甑生が赦免《しゃめん》を得たならば、身分不相応な望みを持たないものがあろうか。そして、功労のある人が皆わが法律を犯すに違いない。我が絶対に赦さないというわけは、正しくこのためである。

（巻第八　論刑法第三十一　第六章）

過去に功績があっても、失敗をすれば厳しく罰する。そうすれば他の人々も、「失敗をすればその都度叱られるのだな」とわかり、信賞必罰の公平さを納得できます。その納得が共有されることで、国は平穏に治まるのです。

これも当たり前といえば当たり前の話ですね。しかしながら、現実社会に目を転じてみると、職場の人事評価などではここをよく間違えるのです。「Aさんは今年これだけの業績を上げたので、評価を上げましょう」と言うと、「それはわかるけれど、Aさんは一昨年失敗しているからな」などと言う上役がいる。今年一年の評価をするのが会社の決め事であれば、二年前の話は関係ないはずです。これも「天下の法」をリーダーが間違って運用している典型例で、そんな組織がうまくいくとはとうてい思えません。

リーダーは時間軸を持て

リーダーが決断するときは、時間軸の概念を取り入れることが大切です。目先の利益ばかりを追求すると、長期的な利益を失うことが多々ありますね。『貞観政要』でも、目の前にある小さな利益に目がくらむことの愚かさについて、太宗が蜀王の故事を引いて臣下たちに語っています。

昔、秦の恵王は蜀国を攻略しようとしたが〔山が多く道が険阻で〕その道がわからなかった。そこで五つの石牛を刻し、黄金を牛の後ろに置いた。それを見て蜀国の人は牛が黄金の糞をすると思った。蜀王は〔この牛を欲しくなり〕五人の大力の士を遣わして牛を引いて蜀国へ入らせた。〔そのために〕道ができた。秦の軍勢は牛の通った道について蜀に攻め込んだので蜀国は遂に滅亡した。

（巻第六　論貪鄙第二十六　第二章）

黄金に目がくらんだ蜀王は、結局、国を失ってしまいました。石でできた牛を引きずって蜀の国まで運ばせたため、道に跡ができ、むざむざと秦の軍隊を招き入れることになってしまったからです。あとになって軍隊が攻めてくるかもしれないという長期的視点を持たず、目先の利益に飛びついたことが仇になりました。そして太宗は、自分はこの蜀王の失敗に学ぶことにしようと結んでいます。

時間軸を正しく設定する。これはリーダーの重要な役割のひとつです。この案件は一年で判断するのか、それとも五年なのか。そうではなく十年かかる案件なのか。それを決めるのはリーダーにほかなりません。

上に立つ人は、時間軸を自由に使える権限を持っています。だからこそ、その事象をどのくらいの年次で判断すべきなのかを冷静に考え、正しく時間軸を設定する必要があるのです。

時間軸の感覚に優れていた歴史上のリーダーはたくさんいますが、僕がもっとも優れていたと思うのは、秦の始皇帝です。始皇帝は、これだけ広い国土を持つ中国は、文書行政を敷いて中央から官僚を送って統治しなければ、いずれバラバラになるということがわかっていた。だから彼は文書行政を完成させ、法家を重用していち早く中央集権国家をつくったのです。中央から地方に官僚を送るのは、手間もコストもかかります。諸侯たちに土地の領有権を与えて統治させる封建制のほうが楽でしょう。しかし、始皇帝はそれではダメだとわかっていた。ですから中国には、始皇帝以降は封建時代がありません。中国で封建制が見られたのはせいぜい紀元前の周の時代までで、始皇帝以降はずっと中央集権国家です。だからこそ、中国の文化や科学は圧倒的な速さで進化したのです。

始皇帝のグランドデザインは、二十一世紀の今でも生きていますね。二千年以上続くシステムをつくったという点で、始皇帝は本当に偉大な人です。始皇帝が暴君だと言われるのは、彼をライバル視した漢の武帝が、歴史書で始皇帝のことをさんざん悪く書かせたためでしょう。

昨今、企業の活動や学術研究などにおいて、短期的な結果が求められ、長期的な視点が失われていると言われますね。これは端的に言って、リーダーの視野が狭いからです。短期的な結果だけではなく、長期的な戦略も必要だとトップが決め、そのためのメンバー編成を行えば、組織は必ずその方向に進みます。だからこそリーダーが大事なのです。前回、組織はリーダーの器以上のことはできないと述べました。まさに、リーダーの能力がすべてを決定するのです。

部下がだらしないのはリーダーのせい

太宗は、名君となるため「三鏡」に広く学び、学んだことを自ら率先して実践していました。臣下は主君のことを常に見ています。正史を書く役人である史官も、主君の一挙手一投足を見て、もらさず記録しています。だからこそ太宗は、率先垂範《そっせんすいはん》に努めたのでしょう。

リーダーに規律が求められるのは、リーダーは常にフォロワーのロールモデルだからです。これはいろいろなところで話しているのですが、部下がだらしないのは上司がだらしないからです。上司にとって、部下は自分を律してくれる鏡でもありますが、自分のだらしなさを映す鏡でもあるのです。

わかりやすい例を挙げましょう。ある大会社の社長が、最近入社した新人と食事に行ったところ、みんなが口を揃えて「海外支店には行きたくない」と言うのだと嘆《なげ》いていました。その社長曰く、「こんなに根性のない若者ばかりでは、この先の日本が心配だ」と。僕は気になって、インターネットでその会社の役員人事を調べてみました。新しい役員は三人いたのですが、前の肩書は企画部長、人事部長、経理部長。そんな人事をやっていたら、この会社は本社にいて役員にゴマをすった人が偉くなるのだなということが新人にもすぐにわかります。どうして若い社員が海外に行きたいと思うでしょうか。

この社長が、もし本当に若者に海外で修業をしてほしいと思ったのなら、やることは簡単です。「私が社長でいるあいだは、海外に三か所、計十年以上行かないと役員にはしない」と言えばいい。そういうことをせずに、ただ「うちの若いやつは根性がない」などとこぼしているのは、まさに天に唾《つば》する行為です。

若者がだらしないとしたら、それは大人がだらしないからです。太宗は、臣下の言動を嘆いたり指図をしたりする前に、自身の行いを改め、さまざまな規律を自らに課し、その姿をもって国が平らかに治まるように努めました。率先垂範というのは、そういうことです。部下にしてほしいことは、まずリーダーが自らやらなければいけないのです。

＊1　二十四史

『史記』『漢書』『後漢書』『三国志』『晋書』『宋書』『南斉書』『梁書』『陳書』『魏書』『北斉書』『周書』『隋書』『南史』『北史』『旧唐書』『新唐書』『旧五代史』『新五代史』『宋史』『遼史』『金史』『元史』『明史』を二十四史とするが、中華民国時代に編纂された『新元史』を加えて二十五史とすることも。

＊2　始皇帝

前二五九～前二一〇（在位前二二一～前二一〇）。戦国の七雄のひとつ、秦の王だったが、前二二一年に戦国の争乱を収拾。中国史上初めての統一国家を築き、皇帝の称号を採用した。帝国内の各地には中央から官吏を派遣して治めさせ（郡県制）、法家思想に基づく統治を行い、各地域でさまざまだった漢字の書体をはじめとして、貨幣や度量衡などの規格統一を推進した。

＊3　科挙

試験によって官吏を登用する制度。隋の文帝（楊堅）の時代に創設され、清末の一九〇五年まで一三〇〇年ほど続いた。地方での予備試験（解試）に続き、上京しての礼部での試験（省試）、さらに皇帝臨席の最終試験（殿試）の三段階となり、朱子学が採用されて制度が完成したのは宋の時代であった。

＊4　『三国志』

正史のひとつ。西晋の陳寿の著。『魏書』三十巻・『蜀書』十五巻・『呉書』二十巻からなる。魏を正統とするため、皇帝の年代記＝本紀は『魏書』にだけ設けられ、蜀の初代皇帝・劉備や呉の初代皇帝・孫権はそれぞれ「先主伝」「呉主伝」という列伝の形式で記される。

＊5　曹操

一五五～二二〇。三国時代の魏の創始者・魏王（在位二一六～二二〇）。諡号は武皇帝、廟号は太祖。二〇〇年の官渡の戦いでは、兵力差十対一という劣勢にもかかわらず袁紹軍を破って華北統一。二〇八年の赤壁の戦いで孫権・劉備の連合軍に敗れ南北統一はならず、三国分立の状況が生まれた。後漢の献帝を擁し皇帝位をうかがいながら魏王のまま死去。

＊6　袁紹
?〜二〇二。後漢末期の朝廷に最高位の官僚を多数輩出した名門の出身。河北（黄河の北側）制圧のあと、河南の曹操に敗戦、まもなく病死。

＊7　太原
李淵が挙兵した唐室発祥の地。唐代には北都として重んじられた。現在の山西省の省都。

＊8　江都
長江と大運河が交わるあたりに造られた離宮（揚州）。政治を投げ出した煬帝は六一六年から近衛兵に殺される六一八年までここに逃避していた。

＊9　管鮑の交わり
管仲と鮑叔の終生変わらなかった友情のたとえ。『史記』の「管晏伝」を典拠とする。管仲と鮑叔は幼な友だちだが、のち斉の跡継ぎ争いに巻き込まれ敵対。結局、鮑叔が付いた側が勝って管仲は処罰されることになるが、鮑叔は主君を説いて管仲を無罪にさせただけでなく、宰相に推挙し自身はその下に就いた。管仲は後年「私を生んでくれたのは父母だが、私を本当に理解してくれたのは鮑叔だ」と述懐した。

＊10　藤堂高虎
一五五六〜一六三〇。近世初期の伊勢国の津藩主。浅井長政に仕えたのを初めに、阿閉政家、磯野員昌、織田信澄、羽柴秀長と主君を替え、一五八七年に紀伊国粉河二万石の大名となる。その後も主君を替え続けた。

＊11　新渡戸稲造

一八六二〜一九三三。教育者・農政学者。札幌農学校時代に洗礼を受け、一八八四年渡米、八六年クエーカーの集会でメアリー・エルキントンと出会う（九一年結婚）。帰国後は札幌農学校や京都帝国大学の教授などを歴任、国際連盟事務局次長として国際的にも活躍。『武士道』は滞在先のアメリカにおいて英文で書き、一八九九年に出版された日本文化論。日本では一九〇八年に邦訳本が出版された。

＊12 クエーカー（フレンド派）

連合王国（イギリス）で生まれたプロテスタントの一派。制度や礼拝形式に重きを置かず、教会でなく集会をもち、すべての人の心に働きかける神の力を拠り所とする。一六七〇年代にはアメリカにも広がり、奴隷解放や反戦運動などで大きな足跡を残した。

＊13 諸葛亮（孔明）

一八一〜二三四。名は亮、孔明は字。三国時代の蜀の軍師・政治家。劉備から三顧の礼を受けて迎えられ、天下三分の計を献策し蜀の建国を助けた。諸葛亮の親族には、呉に仕える兄の諸葛瑾やその長男の諸葛恪、魏に仕える遠縁のいとこにあたる諸葛誕などがいた。

＊14 孔子

前五五二／前五五一〜前四七九。春秋時代の思想家、儒教の開祖。子は尊称で名は丘。魯公に仕えたが容れられず諸国を遍歴。十三年間の流浪ののち故郷に帰り弟子たちの教育と古典の整理に没頭。続く戦国時代の諸子百家の先駆けとなる。その思想と人柄は孔子の言行を集めた『論語』に見える。また『史記』は孔子を『書経』『詩経』『春秋』などの編纂者とする。

＊15 『書経』

堯舜の時代や夏・殷・周王朝などの政道について記した書で、古代の理想的政治を示すものとして諸子百家がさかんに引用した。『論語』や

『孟子』では単に『書』と表記されるが、漢代には孔子編纂の尚ぶべき書なので『尚書』と呼ばれた。宋代以降は儒教の経典のひとつとして『書経』と呼ばれるようになる。

＊16　老子
道家の祖とされる思想家だが、実在したかどうかは不明。『老子』（『道徳経』）では「道」の思想や「無為自然」に基づく政治術が説かれる。『史記』は孔子と同時代の人物で二人は出会ったことがあるとするが、今日、『老子』に書かれた思想は戦国時代の孟子以降の思想ではないかと考えられている。

＊17　封徳彝
生没年不詳。はじめ隋に仕えたのち唐に下り、太宗のときに尚書右僕射となる。

＊18　戴冑
生没年不詳。煬帝が江都で殺されると、隋の重臣・王世充が洛陽で帝位簒奪を図る。このとき戴冑が王世充を厳しく諫めるが容れられなかったため、秦王（のちの太宗）に降り、大理少卿に抜擢された。

＊19　マキアヴェッリ
一四六九～一五二七。フィレンツェ共和国の外交官・政治思想家。政治を道徳・倫理、宗教から独立させようとしたことから、近代政治学の祖とされる。主著『君主論』では、政治における冷酷さや暴力の有効性を説いた。彼自身は正義とか慈悲を否定するものではなかったが、目的のために手段を選ばない権謀術数は「マキァヴェリズム」と呼ばれるようになった。

＊20　秦王府の旧臣
高祖李淵が即位したとき、長男の李建成は皇太子、次男の李世民は秦王、弟の李元吉は斉王となった。高甑生は李世民がまだ秦王だった時代から仕えていた旧臣。

第3章——チームの力を鍛える

一人で行う判断には限界がある

第1章と第2章では、太宗が実践するリーダーのあり方について見てきました。本章では、リーダーとフォロワーが生み出す「チームの力」について考えてみたいと思います。

組織はリーダーとフォロワーで構成されています。リーダーが努力するだけでは強いチームになれません。例えば、上からの指示がないと動けないようなチームは、強いチームとはいえませんね。そこには必ずフォロワーの力、すなわち「フォロワーシップ」が必要です。フォロワーシップは適当な訳語がないため、日本ではあまり広まっていない概念かもしれませんが、目的達成のためにチームメンバーそれぞれが発揮する力のことです。

『貞観政要』には、組織の力を最大化して結果を出すためには、リーダーおよびフォロワーはそれぞれ何をすべきかが、繰り返し説かれています。

まず大前提として、太宗は自身による独裁ではなく、組織で政治を行うことを非常に重視していました。なぜなら、一人の人間のできることには限りがある、自分一人で政治を取り仕切るなんてとても無理だとわかっていたからです。そのことを示す一節を読んでみましょう。太宗は、隋の文帝《ぶんてい》*1は他人を信用せず、すべて自分で決断していたと臣下たちに話し、こう述べます。

我の考えはそうではない。広い天下のことであるから、種々さまざまな事件に応じて変化して適応すべきである。だから、すべて多くの役人に任せて協議させ、宰相に対策を立てさせ、その結果が穏便であって、そこで奏上して実行すべきである。どうして一日に万もあるような重要な政務を、ただ一人の考えだけで決裁することができようや。その上に、一日に十の事を裁決すれば、そのうちの五条は理に当たらないであろう。当たったものはまことに善いが、当たらないものをどうしようぞ。月日を重ねて幾年にもなると、そのくい違い誤るものは多くなってしまう。それでは滅亡するのは当然である。〔政務は〕広く賢良に任せて、〔天子は〕宮殿の中にじっとしていて〔賢良たちのやることを〕見守ることには及ばない。

（巻第一　政体第二　第五章）

言うまでもなく、皇帝には絶対的な権力があります。しかし太宗は、「皇帝といえども、能力的には決してオールマイティではない」ということをよく理解していました。

そして、賢くない自分がすべてに口を出し、権力を発動させれば、部下や人民を惑わす結果になることもわかっていた。「一日に十を裁決すれば五は間違う」と言うのです。農業のことは農民に任せ、商業のことは商人に任せ、軍事のことは軍人に任せる。本当に大事なことだけを自分が決めて、それ以外のことは専門家に任せ、託し、委ねたほうが得策であると考えたのです。

人間はみんな「ちょぼちょぼ」です。「三人寄れば文殊《もんじゅ》の知恵」ということわざがあるように、一人でやろうとせず、みんなで集まって知恵を出し合ったほうがいい結果が出る。それが太宗の政治に対する基本的な考えでした。

リーダーは魚、フォロワーは水

また、太宗は別のところでも、チームで政治を行うことの大切さを述べています。

正しい君主が邪悪な臣を信任するときには、平和に治まった世を作り出すことはできない。また、忠正の臣が邪悪な君に仕えるときにも、また、よく治まった世を作り出せない。ただ、明君と良臣とが、うまく際会することが、魚と水との関係同様に親密であるならば、国内は平安になることができる。我は、愚かな者であるけれども、幸いにも諸公たちが、我の欠陥を正して危険を救ってくれている。どうか、諸公たちの遠慮のない直言と骨っぷしのある強硬な議論とによって、天下の太平を実現したいものである。

（巻第二　求諫第四　第二章）

太宗は臣下たちに、自分が誤っていれば積極的に諫言してほしい、そして闊達《かったつ》な議論をして国を平和に導いていこうと述べています。これに対して、王珪《おうけい》*2という臣下が次のように答えました。王珪は、魏徴に次いで知られる諫議大夫です。

私はこういう言葉を聞いております。「どんなに曲がった木でも、墨縄《すみなわ》に従って切れば、まっすぐになり、どんな君主でも、諫めに従えば、聖となる」と。それゆえ、昔は、すぐれた君主には、必ず君を諫める役目の臣が七人いました。そして、諫めの言葉が用いられなければ、その上は死んで諫めました。ところが、陛下は、すぐれた御心を開いて、身分の卑《いや》しい者の言葉も採用なされております。愚かな私は、忌《い》みはばからずに直言することのできる朝廷に居りますからには、ほんとうに、まちがいだらけの、でたらめな意見ではございますが、その全力を尽くしたいものと願っております。

（同前）

王珪は自分の職務を全力で果たすことを誓ったのです。太宗はこれを褒め、宰相が参内するときには王珪ら諫官も同席し、議論に対し意見が述べられる仕組みをつくりました。

リーダーがまず胸襟を開いて部下たちに協力を求める。部下たちはその信頼に応えて自分の能力を思いきり発揮する。強いチームはこうやってつくられるのです。

『貞観政要』に学ぶ諫言の技術

さて、ここで王珪の話の組み立て方に注目してみましょう。フォロワーである王珪は、リーダーである太宗に対し、どのように自分の意見を述べているでしょうか。

王珪はまず、「どんなに曲がった木でも……」という引用から話を始めていますね。これは『書経』にある一節です。王珪は「『書経』ではこう言われていましたね」と話を切り出し、その内容を当然知っている太宗に、心の中で「そうやな」と同意させている。次に、昔の皇帝たちはその『書経』の教えに従って自分を諫めてくれる部下を七人置いていたが、中には諫言を聞き入れてもらえず死ぬ者もいた、という事実を述べています。その上で、私が仕える太宗はどんな人の諫言も聞き入れてくれる、こんな素晴らしい君主のためなら自分は全力で働きます、という話で結んでいますね。こう言われたら、太宗は気持ちがいいでしょう。王珪はこれで、諫議大夫である自分も宰相と同席できるという、さらなる活躍の機会を得ることができました。

総論で納得してもらい、そのあとは三段論法で自分の提言に同意してもらう。この手法は、王珪や魏徴たちが太宗に諫言をする際によく使われています。

魏徴は、しばしば次のような話の順番で太宗を諫めています。まずはお互いに知っている故事を引き、「昔こういう事件がありましたが、ご存じでしょうか？」と切り出す。「ああ、知っているよ」と太宗が返す。そして「あのときは皇帝が対処を誤ったために国が傾いたのだったな」と太宗に言わせます。これで総論イエスが成立です。その上で、「太宗が今やられていることはあの事件によく似ていますね」と現在に話を転じ、このままでは太宗も二の舞になりかねませんと続けるのです。総論でイエスと言ってしまっているので、太宗としては各論の否定はなかなかできません。かくして諫言は受け入れられます。魏徴がよく歴史上のエピソードを引用するのは、まさにこのパターンで太宗を諫めるためです。

これは、仕事で上司に反対意見を述べるときや、趣味の集まりなどでリーダーが独善的になってきてどうにかしたいときなどに、非常に参考になる話の進め方です。リーダーも人間ですから、いきなり「あなたのここが悪い」と言われたらムッとするでしょう。それ以上話を聞いてもらえなくなる可能性もあります。ですからフォロワーは、お互いが知っている過去の事例や他人の話から始めて、まず総論で「そうだね」と言わせるのです。共通の土台をつくるのが重要です。『貞観政要』からは、そんな諫言のテクニックも学ぶことができますね。本当に今の時代にも役立つ本です。

共通テクストを見つけよう

さらに、ここで改めて気づかされるのは、太宗と臣下たちが同じ書物をたくさん読んでいる、つまり「共通テクスト」を持っている、という事実です。「あの本にこう書いてあったでしょう」「そうやな」。これでコミュニケーションが成立しています。

コミュニケーションというものは、突き詰めて言えば、すべて共通テクストの存在によって成り立っています。共通テクストがひとつもなかったら会話は通じません。龍宮城から帰ってきた浦島太郎が絶望したのは、日本語は通じるのに何を話しても周りの人と話が通じなかった、つまり共通テクストがなくなっていたからです。

共通テクストをつくるのは本に限りません。趣味でも、映画でもいい。とにかく他者とコミュニケーションを図るには、まずお互いの共通項は何かを探すことが大切なのです。

これは僕の経験ですが、外国人とコミュニケーションをとる際にも、共通テクストを探すと随分楽になります。僕はそれほど英語が得意ではないのですが、連合王国（イギリス）のオックスフォード大学の学長とはすぐに仲良くなりました。「何を研究されているのですか」と聞いたら、学長が「レイター・ローマン・エンパイア（後期ローマ帝国）です」と答えたので、皇帝ディオクレティアヌスのテトラルキア（四分割統治）[*3]の話をしたら、とても喜んでくれたのです。これも共通テクストですね。お互いが知っている世界があれば、コミュニケーションはすぐに成立するのです。

僕は昨年（二〇二三年）末まで、立命館アジア太平洋大学（ＡＰＵ）の学長を務めていましたが、学生の約半数を占める留学生たちとの会話にもそれほど困ることはありませんでした。留学生はみんなよく勉強していますから、共通テクストがたくさんあるのです。僕は、アダム・スミス[*4]にもジョン・ロック[*5]にも興味のない大企業の社長と話すより、不得手な外国語を使いながらも、ロックもスミスも読んでいる留学生と話すほうが、はるかにコミュニケーションがとりやすいと感じます。太宗と臣下たちも、歴史や儒教の文献などという豊かな共通テクストを介し、スムーズで親密な意思疎通を図っていました。

共通テクストのもうひとつ重要なはたらきとして、共通テクストを介すると話が具体的になって腹落ちしやすくなるというメリットがあります。これも『貞観政要』を読んでいるとわかるのですが、臣下が太宗に諫言するとき、結論だけを述べるのなら「あなたは立派な皇帝なのだからこれをやりなさい」で終わってしまいます。これでは言われた太宗もピンときません。だから彼らは共通テクストを探し、話の具体例としてそれを引用するのです。「昔こんな立派な皇帝がいましたね」「その皇帝はこんなことを言っていましたね」。こうやってやりとりするうちに、太宗もかつてのリーダーたちを思い出すわけです。その上で魏徴たちに「あなたの最近の言葉は君主としてふさわしいでしょうか」と問いかけられると、「あかんな」と素直に納得できる。

人間は、結論だけ言われてもなかなか腹落ちしませんし、同じことばかり言われたら「またか」と思うだけです。だからこそ魏徴や臣下は、手を替え品を替え、さまざまな共通テクストを縦横に引用しながら、太宗に腹の底から納得してもらえるよう、諫めの方法を尽くしているのです。

ダイバーシティの重要性

リーダーへの諫言のコツとして、共通テクストを多用してまず総論で「はい」と言わせるという方法をお話ししました。もうひとつのコツとして、諫言は一人ではなく複数で行うということも挙げられます。太宗は部下の諫言を積極的に受け入れた立派な皇帝ですが、やはり彼も人間で、ときには諫言する者にいら立つこともあったようです。そのことを別の臣下が諫める場面があります。

このごろ、上書する人の言葉の筋が少しでも理にかなわないものがありますれば、時には面前で問いつめられ、赤面して退出しないものはございません。これは、恐らく進言を奨励することではありますまいと存じます。

（補篇　巻二納諫篇）

こう指摘された太宗は、それはもっともだと言い、態度を改めることにしました。

ここで言われているのは、ダイバーシティ（多様性）の重要性ではないでしょうか。つまり、諫言する人はいろいろいたほうがいい。太宗はしょっちゅう諫言されていますから、ある部下に「もっと上手にやれ」と言いたくなる気持ちもわからないではありません。しかし別の部下が、「それをやっていたらみんな怖がって誰も諫言しなくなります」と述べているのですね。

僕もかつて部下に、「おまえの文句はいつもワンパターンだから言い方を工夫してこい」と言っていました。きつく言うのはよくありませんが、それは僕なりの指導でもありました。魏徴のように共通テクストをあれこれ探し出して、もっとうまく自分を説得してくれ、それがチームを強くするんだという確信があったからです。

チームはダイバーシティに富んでいるのが望ましいですが、フォロワー同士は協力することが大事です。一人ではくじけてしまうようなことでも、仲間がいればできます。リーダーに諫言するのは勇気がいることです。しかし仲間と協力すれば、諫言を受け入れてもらうための知恵も集まるはず。それが、チーム全体にとっていい結果をもたらすことにつながるのです。

少数だから精鋭になる

『貞観政要』の別の箇所でも、組織の力を高めるための具体的な原則が書かれています。その中から二つほどご紹介しましょう。

一つ目は、部下を信用すれば実績が出るということです。臣下と君主が協力することの重要性を魏徴が説き、続けてこう述べます。

いったい上の人が下を信用しないのは、必ず下には信用できる者がないと思うからであります。もしも必ず下が信用できないならば、上の人もまた疑いの心があるのでありましょう。礼記《らいき》に「上の人が疑えば人民は惑い、下の人の心がわからなければ君長は苦労する」とあります。このように上下が互いに疑えば非常に良く治まることを語ることはできません。（略）つまり、信用すれば、信ずることのできない者は無く、疑えば信用できる者はございません。

（巻第七　論礼楽第二十九　第九章）

信用すれば信じてもらえるし、疑えば誰も信用してくれない、ということですね。

部下を信用しない上司は、部下からも信用されません。上司を信用できないと感じた部下が、上司に対して誠実に振る舞うことはありません。信用するから信用されるのですね。作用・反作用です。「実績を上げるまでは信用しない」などと言っている上司は愚の骨頂です。上司は権力を持っているのですから、まずは上司から部下を信頼するのが当たり前の順番です。「お前のことを信頼しているぞ。頼むな」と言われれば、部下は自分の力を出し切ろうと努めるものです。

二つ目の原則は「少数精鋭」です。太宗は部下の人数の多さよりも、彼らの質に目を向けていました。太宗は「務《つと》めて官員《くわんゐん》を省《はぶ》くに在《あ》り」（官員の数を省くことに努力すべきである）と述べ、組織を少数精鋭にすることの必要性を、臣下の房玄齢たちに語っています。

政治をなす根本は、ただ才能をよく量ってその人に適する職を授け、官員の数を省くことに努力すべきである。だから、書経に「官に任ずるには、ただ賢才だけを用いるようにせよ」と言い、また、「官は必ずしも備えず欠けていてもよい、ただ、その官にふさわしい人があれば任ぜよ」と言っている。（略）官吏は、もし、善い人物を得れば、少なくとも不足はない。不善な人物であれば、たとい多くとも何の役にも立たない。

（巻第三　論択官第七　第一章）

少数精鋭という言葉は、優秀な人を少数集めることではありません。僕は「少数だからこそ精鋭になる」という意味だと考えています。

僕は中学生の頃、放課後に友達とソフトボールをやっていました。いつも九人×二チームなどという人数は集まりませんから、四、五人のチーム同士でやるわけです。するとみんな上達します。打順はすぐ回ってくるし、守備ではショートとセカンドを一人で守ったりしなければならない。これを三十人でやったらどうなるでしょうか。打順は回ってこない。ボールも飛んでこない。これではうまくなりません。少数だから、精鋭になるのです。企業活動も同じです。

どっしり構えるのも重要な仕事

与えられた人数の中で、それぞれの役割にふさわしい人を見極め、その役に任命する。チームづくりの核心はここに尽きます。第1章でもお話しした、ポートフォリオの考え方ですね。そして重要なのが、適材適所で人を配置したあとは、リーダーは全体をじっと見守ることです。

『貞観政要』には、これができなかった太宗を魏徴が諫める一節があります。

太宗は、西域*6を安定させるため、当時の西域を支配していた突厥《とっけつ》*7という大遊牧国家の君主（可汗《かがん》）に使者を遣わしました。ところが、使者が帰らぬうちに、別の人間にお金を持たせて西域諸国を巡らせ、馬を買わせていたのです。西域がまだ治まっていないにもかかわらず、多くの使者を出したことに、魏徴は苦言を呈しました。

今、使者を派遣したのは、可汗を立てることが名目であります。まだ可汗の立つことが定まらないのに、諸国に至って馬を買わせておられます。彼は必ず天子の意は馬を買うことにあって、専《もつぱ》ら可汗を立てるためではないと思いましょう。ですから、可汗が立つことができても、それほどは御恩を思わないでしょう。もし、立つことができねば、深い恨みを持つでしょう。他の異民族の国々が、これを聞けば、中国を重んじないようになりましょう。ただ、彼の国を安寧《あんねい》にならせれば、諸国の馬は、こちらが求めなくとも、あちらからやってくるようになりましょう。

（巻第二　納諫第五　第八章）

使者を送ったら、その使者が成果を上げて帰ってくるまで、余計なことはしない。一度仕事を任せたら、どっしり構えて待つ。皇帝はそれくらいの度量を見せるべきなのに、あなたはまだまだ軽いと魏徴は言っているのです。西域が治まっていないのに、早く良馬を買おうと思って別の使者を出すとは、なんと思慮の浅いことでしょうかと。

さらに魏徴は、魏の文帝[*8]が西域の大きな珠《たま》（翡翠《ひすい》や紅玉《こうぎょく》）を買おうとしたとき、部下の蘇則《そそく》が述べた進言を『魏書《ぎしょ》』[*9]から引用します。「『もし、陛下の恩恵が世界中に及んだならば、珠は求めなくても自然にやってくるでしょう。求めて得たのでは貴ぶ価値がありません』と。陛下は、（略）蘇則の正言を恐れないでよろしいでしょうか」（同前）。魏徴の諫言を受け入れた太宗は、急いで馬を買うのをやめさせました。

適材適所は難しくない

仕事を任せたはずなのに、ついリーダーのほうが何かをやってしまう。あるいは、やたらと口出しをしてきて困る。これらは、職場、学校、家庭などでよくみられる光景ではないでしょうか。心当たりのある人も多いと思います。

仕事の場面で言えば、リーダーが部下の仕事に口出ししてしまうのには二つのパターンがあるようです。一つは第1章で紹介したように、それがリーダーの得意な仕事である場合。もう一つは、最初の人員配置のときにリーダーがよく考えずに役を割り振っている場合です。Aさんに任せておきながら、途中で「あいつで大丈夫かな」と不安になり、あとからBさんにも「Aをフォローしてやってくれ」と頼んだりする。これでは、AさんもBさんも上司が信用できなくなります。

こういう話をすると、「そうはいっても部下の能力を見極めるのは難しい」と言う人がいます。そんなことはないのです。例えば、中学校の部活動で考えてみてください。入部して一年経つと、新しい一年生が後輩として入ってきますね。二、三か月一緒に練習してみると、「彼はチームのまとめ役になれそうだ」とか「彼は補欠かな」ということが、自ずとわかるものではないでしょうか。チームの監督役を務める先生も、学生たちをそのように見て、適材適所で新しいチームをつくっていくのです。仕事でもまったく同じはずです。

では、部活動ではできることが、仕事となると能力を基準にした適材適所が必ずしも行われていないのはなぜでしょうか。その理由は、多くの人が「仕事が人生のすべて」と錯覚しているからだと思います。仕事が人生のすべてだと考えてしまうと、人間は怖《お》気《け》づき、本来の力が発揮できなくなります。フォロワーは諫言のひとつもできなくなり、リーダーは適材適所のチームづくりができません。仕事が人生のすべてと考えてしまうと失敗が怖くなり、正確な判断をくだすことは不可能です。

よく考えてください。一年は八千七百六十時間、そのうち仕事は、いくら残業が多いといっても二千時間くらいです。仕事以外の時間との比は、およそ八対二なのです。仕事がすべてというのは錯覚です。あえて言えば、人生において仕事はどうでもいいことなのです。

こうした本当の意味でのワークライフバランスが明確に裏打ちされれば、仕事に向かったとき、リーダーは部下の能力や適性が自ずとクリアに見えてくるものです。中学校の部活動が人生のすべてではないように、ある意味、仕事は「どうでもいい」ことだからこそ冷静に判断できて、全力を投入できるのですね。そこで初めてチームに最適なポートフォリオが組めるのです。

信頼されるから結果が出る

繰り返しになりますが、ポートフォリオを組むという行為は、与えられたメンバーの能力をよく見て、誰をどの役割に当てれば全体としてのパフォーマンスが最高になるかを考え抜くことです。野球でいえば、どういう打順を組んだら相対的に一番点を取れるかを考える。これがポートフォリオであり、適材適所の考えです。太宗の言葉を借りれば、「ただ才能をよく量ってその人に適する職を授け」るのです。

こう考えていくと、会社が決める転勤や人事異動が、いかに理不尽なことかがよくわかりますね。

例えば皆さんが野球チームの監督だとして、メジャーリーグで活躍するダルビッシュ有投手に、「この一年お前はよう投げたな。給料を上げてやろう。でもな、野球はピッチャーだけやない。来年は選手としての幅を広げるために、ショートをやってみるか」などと指導するでしょうか。しませんね。ダルビッシュは優れた投手なので、彼が投げれば勝負に勝てるからです。もっとも、近年は大谷翔平選手のような人が出てきました。彼のような天才が「偶然」に現れることは特別章で述べたいと思います。

だとしたら、なぜ「あいつは分析に優れているけれど、人間の幅を広げさせるために営業をやらせてみよう」などと考えるのでしょうか。この発想の背景には日本の終身雇用制度があるわけですが、僕はある意味人間の本質を見ない傲慢が生み出した考えだと思っています。

第1章でお話ししたように、人間の器というものはだいたい決まっている。どの部署に行かせても、鍛えれば何とかなるというものではないのです。もちろん、本人が希望する場合はこの限りではありませんが、ダルビッシュはショートではなくピッチャーを、分析が得意な人は営業ではなく分析をやったほうがいいのです。そして、それぞれの能力を存分に発揮するさまざまな人が集まったほうが、平均的な力を持った人ばかりが集まったチームより強くなるのは明白です。

良いチームとは、良いリーダーと良いフォロワーによって生まれます。リーダーは部下たちの能力をよく見て、適材適所で役割を与える。そして一度任せたら、あとはどっしり構えて見守る。部下が自分を信用してくれているかどうかにかかわらず、まず自分から部下を信用する。そうすれば、部下はリーダーから信頼されていると感じ、自分の能力が発揮できる役割に最後まで一所懸命に取り組む。そして、信頼されているという安心感があるからこそ、リーダーがおかしいと思ったときには怯えることなく率直に意見を述べることができるのです。

こうした関係性を築いたからこそ、太宗と臣下たちは貞観の治という稀に見る豊かな時代を築くことができました。『貞観政要』は、オープンでフラットな組織が多くの人々の幸せをつくるということも、現代の私たちに教えてくれています。

＊1　隋の文帝
五四一～六〇四。隋の初代皇帝（在位五八一～六〇四）。名は楊堅。文帝は諡号、廟号は高祖。五七八年に北周皇帝の外戚となり権力を掌握。五八一年に北周皇帝の禅譲の形をとって即位、隋を建国。五八九年に南朝の陳を滅ぼして、三世紀にわたる中国の南北分裂に終止符を打つ。租庸調制・科挙制などによって中央集権国家の基礎を固める。六〇四年の死去は次男・楊広（煬帝）による謀殺ともされる。

＊2　王珪
五七〇？～六三九。唐初の政治家。はじめ隋に、のち皇太子・李建成に仕えるが、建成の陰謀に連座して流罪となる。建成死去ののち諫議大夫として太宗に仕えた。

＊3　テトラルキア（四分割統治）
ローマ帝国は五賢帝の時代が終わると、帝国の内外に危機的状況を迎えた。このとき皇帝に就いたディオクレティアヌス（在位二八四～三〇五）が創設したのが四分割統治という体制。二八六年に帝国を東西に二分すると、後年、それぞれに正帝（アウグストゥス）と副帝（カエサル）を置き、四人の皇帝が分割統治することとした。

＊4　アダム・スミス
一七二三～九〇。連合王国の道徳哲学者・経済学者。一七七六年出版の『諸国民の富』（『国富論』）で重商主義と政府の経済介入を批判し、人々の利己心の自由な発揮が「見えざる手」に導かれ（「見えざる手」が『諸国民の富』に登場するのは実は一度だけ）、正義と社会的調和を実現するとして自由放任主義を主張。古典派経済学の創始者となった。他の著書に『道徳感情論』。

＊5　ジョン・ロック
一六三二～一七〇四。連合王国の哲学者・政治

思想家。一六九〇年に出版した『統治二論』で、社会契約に基づく統治原理を明らかにし、制限君主制や名誉革命を理論的に正当化。ロックの権力分立論はモンテスキューによって三権分立論へ、社会契約説はルソーによってさらに徹底され、のちのアメリカ独立革命やフランス革命に大きな影響を与えた。

＊6　西域

中国の西方の地域を指し、広義には中央アジア、さらに西アジアの地域を含む場合もある。狭義にはタリム盆地（現在の新疆ウイグル自治区）のオアシス都市（敦煌、クチャ、カシュガルなど）が散在する地域を指す。オアシス都市の産物や中継貿易の利益をめぐって、遊牧国家と中国王朝とはその支配権を争った。

＊7　突厥

五五二年に建国したトルコ系の遊牧国家。中央アジアからモンゴル高原までを支配したが、五八三年にアルタイ山脈あたりを境に東西に分裂。六三〇年、太宗は李靖率いる遠征軍を派遣して頡利可汗を破り、東突厥は一時的に滅びた。

＊8　魏の文帝

一八七～二二六。三国・魏の初代皇帝（在位二二〇～二二六）。名は曹丕。文帝は諡号。廟号は高祖。二二〇年正月に父・曹操を継いで後漢の丞相・魏王となり、同年十月に後漢の献帝の禅譲を受けて帝位に就く。優れた文人でもあり、中国最古の文学評論『典論』を著した。

＊9　『魏書』から引用

原文は『三国志・魏書』の列伝「任蘇杜鄭倉伝第十六」中の「蘇則伝」に書かれた文章。

第4章——組織をどう持続させるか

優れた組織をつくることと、その組織を持続させることは、どちらも難しいことです。この章では、まさにこの問題について語り合った太宗と臣下たちの問答などから、彼らが実践した「組織を持続させる方法」を学んでいきたいと思います。

その前に、まずは僕自身の起業（新しいベンチャーの立ち上げ）と継続の経験をお話しすることにしましょう。

六十歳での起業経験

長く大手生命保険会社に勤めていた僕は、六十歳のときにライフネット生命という独立系の保険会社を立ち上げました。起業した理由は偶然です。谷家衛《たにやまもる》さんという若い人に出会い、保険のことを教えてほしいと乞《こ》われたので教えてあげたら、「一緒に働きたいです、ゼロから生命保険会社をつくりましょう」と言われました。とても感じのいい人で、こんな人に頼まれるのも何かの縁だと思い、「はい」と答えてしまったのがすべての始まりです。

そこから、どういう生命保険会社をつくるべきかを考え始めました。生命保険は皆さんの財布からお金をもらう仕事ですから、まず皆さんの財布を調べました。所得ですね。すると、保険のニーズが高まる三十代の年収は平均で三百万円ほど。この所得の人たちに、既存の生命保険会社が売っていた月二万円の掛け金はなかなか払えません。ですから保険料を半分にして、安心して子どもを産み育てられる社会をつくらなければいけない。そう考えました。そのための方法を探したら、インターネットしかないという結論になったのです。当時は気楽なもので、ネット販売の生命保険など欧米にはたくさんあるだろうから、それを見て参考にすればいいと考えていた。ところが調べたらどこにもない。それなら自分たちでやるしかない。そんなスタートでした。

幸運だったのは、谷家さんからビジネスパートナーとして三十歳も年の離れた岩瀬大輔《いわせだいすけ》（ライフネット生命元社長）を紹介されたことです。僕が高齢で保険のことはよく知っているので、パートナーは若くて保険のことを知らない人がいいなと思っていました。ダイバーシティを重視したのです。僕と岩瀬のコンビができたのもまったくの偶然です。

世の中には、ベンチャー企業をつくるには周到な準備がいるという物語が流布《るふ》しています。でも僕に言わせれば、そんなものは出来の悪いビジネス書の影響です。歴史を見ていると、最大のベンチャーは国をつくることです。新しい王朝を興《おこ》すことです。新しい王朝の始祖に、大きな国をつくるという目標を立てて周到に準備した人は皆無です。みんな偶然なのです。たまたま何かのご縁があって一歩を踏み出してみると、あれよあれよという間に反乱軍の大将になって国を建てた。そんな人ばかりです。だから僕も、会社をつくりましょうと乞われたとき、これも運命かなと思って「はい」と答えられたのです。

還暦で会社を開業して十年後、僕は古希を迎えました。そのタイミングで、僕よりも何倍も真面目に働く現在の社長（森亮介《もりりようすけ》）にあとを託すことにしました。創業の時期が過ぎ、これからは会社や事業の継続がより大事になってくるタイミングでした。守成の時期のリーダーに必要なのは勤勉さです。僕自身は怠け者《なまもの》なので、会社を持続させるためにはそうしたタイプの若い人にバトンタッチしたほうがいいと考えたのです。

そうして辞めたときに、たまたま立命館アジア太平洋大学（ＡＰＵ）が日本初の学長公募を行っていたらしく、誰かが僕を推薦してくれました。公募条件を確認すると、ドクター（博士）だと言う。僕はマスター（修士）すら持っていないのですが、大学の学長を選抜するインタビューがどんなものか興味があったので、面接に行きました。すると思いもよらず選ばれて、二〇二三年十二月まで、途中病気で離脱する期間もありましたが、多くの人たちの支えもあり、務めることができました。本当に、人生はすべてが偶然です。あるいはダーウィンが指摘するように、「運と適応」です。

「創業」と「守成」はどちらが難しいか

前置きが長くなりました。『貞観政要』に戻りましょう。この本の巻第一に、「創業と守成はどちらが難しいか」という問答があります。これは『貞観政要』の中でもとくによく知られた一節で、国を興すという大事業と、それを受け継いで事業の基礎を固めることとは、どちらが大変かという問いを、太宗と、臣下の房玄齢や魏徴が語り合っています。

貞観十年に、太宗が左右の侍臣たちに語って言われた、「帝王の事業の中で、創業と守成と、どちらが困難であろうか」と。尚書左僕射《しょうしょさぼくや》の房玄齢がお答えして言った、「国家創業の当時には、天下が乱れ群雄が先を争って各地に割拠しており、それらの強敵を攻撃して打ち破っては降参させ、戦争に勝って、やっと打ち平らげました。こういう命がけの困難な点から申しますれば、創業が困難だと思います」と。魏徴がお答えして言った、「帝王が起こるときは、必ず前代の極度に衰え乱れたあとを受け、かの愚かでずるいやつを打ち破り、人民たちは〈そういう混乱した世を平定してくれた人を天子として〉推《お》し戴《いただ》くことを心から楽しみ、天下の万民がなつき従います。だから、〔帝王となることは〕天が授け人民が与えたもので、それは、困難なものとは思われません。しかしながら、〔帝王の地位を〕得てしまった後は、〔何事も自己の思いのとおりになるため〕志向が、かって気ままになります。人民たちは、〔長い戦乱の後に、やっと平和が到来したので〕安静な生活を希望しているのに、〔城郭や宮殿その他を営造する土木工事のために駆り出される〕労役がやむことなく、人民たちは、へとへとに弱りはてていても、帝王のぜいたくな仕事は休止することがありません。国が衰えて破滅するのは、常にこういう原因から起こります。この点から言いますれば、完成されたものを維持して行くというほうが困難でございます」と。

（巻第一　君道第一　第三章）

房玄齢は創業が、魏徴は守成が難しいと言っています。二人の意見を聞いたあと、太宗は自分の考えを次のように述べました。

房玄齢は、その昔、私に従って天下を平定し、漏れなく艱難辛苦《かんなんしんく》を経験し、ほとんど死ぬべき危急の場合をのがれて、かろうじて助かったというような目に出会っている。彼は創業の困難を、実際に見ているからである。魏徴のほうは、私と共に天下を安定させ、わがままかってや、おごり高ぶる心が少しでも起これば、必ず危険滅亡の場面に出会うであろうことを心配している。彼は現状維持のいかに困難かを、よく見ているからである。しかし、今は、創業の困難は、もはや過ぎ去ってしまった。守成の困難のほうは、当然公等といっしょに、よく慎んでいこうということを思わねばならない。（同前）

太宗は、房玄齢と魏徴のどちらの意見も尊重した上で、今は守成の時期だから、これにとくに力を入れていこうと言っています。太宗は時代をちゃんと読むことができる人でした。

第1章でも指摘したように、創業に必要な能力と、守成に必要な能力は違います。しかし、太宗は例外的に両方の能力を持っていたと思います。敵を平定する武力にも秀でていましたし、敵を平らげて国を安定させたあとは、その状態を維持するために自分の贅沢を慎みました。時代の変化に応じて、自分の器の中身を変えることができたのです。

ここで注目したいのは、太宗の部下に対する接し方です。太宗は房玄齢と魏徴それぞれの立場に配慮した上で、「これからは守成をおろそかにしない」と語っていますね。

守成が大事だからといって、創業で活躍した房玄齢を軽んじているわけではありません。その証拠に、「当《まさ》に公等《こうら》と之《これ》を慎《つつし》まん」（当然公等といっしょに、よく慎んでいこう）と述べている。「これからは房玄齢よりも守成の実績のある魏徴が必要だ」などとは言わずに、「諸君」と臣下全員を指す言葉を使って「ともに努力しよう」と言っているのです。こうした太宗の公平な態度は、部下にとって大きなモチベーションになることでしょう。房玄齢もプライドを傷つけられることなく、守成に尽力できるはずです。

僕自身も創業と守成とを経験しましたが、やはりどちらも難しいと感じます。一般的に、ベンチャー企業の創業には勢いに乗ってスタートダッシュする能力が必要です。そして事業が軌道に乗り、株式を上場するなど一定の目標を達成したら、走るスピードは持久走に切り替わります。ベンチャーにとっては、この切り替えやかじ取りのバトンタッチの時期の判断が一番難しいかもしれません。

舟を浮かべるも転覆させるも水しだい

太宗は、国の滅亡は君主と人民の心が離れてしまったときに起こると考えていました。離れてしまう理由は、おべっか使いの部下が君主の目と耳をふさいでしまい、民衆の不満や困窮を君主に知らせようとしないからです。結果、民衆の怒りが高まって君主に反旗を翻すようになるのです。そこで太宗は部下たちにこう言っています。

我は、宮中の奥深くに居るようになってしまっているから、天下の出来事のすべてを知り尽くすことはできない。それゆえ、その任務をあなた方に分担させ、我の耳や目の代わりとしているのである。今、天下は無事で、世の中は安寧であるからといって、気にかけずに安易に思ってはならないぞよ。（略）天子というものは、立派な道徳を持っていれば、人民は推し戴いて君主とする。ところが、無道であれば、人民はその地位を奪って捨てて用いない。ほんとうに恐るべきものである。

（巻第一　政体第二　第七章）

これに対し、魏徴は答えました。

古来から、国を失った君主は、皆すべて国が安らかなときに、危険であったときのことを忘れてしまい、治まっているときに、乱れていたときのことを忘れてしまっている。それが国家を長久に維持することのできない理由であります。今、陛下は、その富は天下のすべてを保有し、国の内外が清平で安泰でありながらも、よく御心を政治のあり方に留められ、常に深い淵《ふち》に臨み薄い氷を踏むように、びくびくと用心深く恐れ慎んでおられますから、わが国家が存続する年数は、自然に、国威が輝いて長久になるでありましょう。私はまた、こういう言葉を聞いております、古語に「君主は舟であり、人民は水である。水は舟を浮かべ載せるものであるが、一方また舟を転覆させるものでもある」とあります。陛下は、人民というものは恐るべきものであるとお考えになっておられますが、まことに陛下のお考えのとおりであります。（同前）

「君主は舟であり、人民は水である」は、中国の戦国時代の思想書『荀子《じゅんし》』からの引用[*1]です。舟は水の上に浮かぶものです。台風が来て海が荒れたら舟は沈没してしまいます。君主と人民、あるいはリーダーとフォロワーの関係も、それと同じです。いくら実績のあるリーダーだといっても、フォロワーがみんなで反乱を起こしたらリーダーで居続けることはできません。第1章でも述べたように、リーダーは寄生階級です。人民が安定すれば君主も栄え、人民が乱れれば君主も危うくなる。それを魏徴は、舟と水のたとえを引いて改めて述べ、「人民は恐るべきもの」という太宗の考えはもっともだと言っているのです。

君主が舟で人民が水、というたとえは非常にわかりやすいですね。中国の古典の素晴らしいところは、とにかく比喩が秀逸なことです。比喩の効用は、第3章で解説した共通テクストと同じです。比喩があることで話が具体的になり、イメージが喚起されるため、内容が断然腹落ちしやすくなります。

この舟と水のたとえは、組織と社会の関係にも応用できるでしょう。社会のニーズに応えていないとき、あるいは社会がもう要らないとそっぽを向いたとき、その組織は存続することができません。企業でもＮＰＯでも趣味の集まりでも、世の中から「あったほうがいいな」と思い続けてもらえた組織が永続するのです。

意見が言えない組織は衰亡する

組織の力はどんなときに弱まるか。それは、メンバーたちが思ったことを率直に言えなくなったときです。太宗はこう述べています。

人の意見というものは、いつも一致しないことがあるものである。互いに是とし非とするところがあるのは、本来、公事のために論じるのである。ところが、中には自分の足らないところを隠して過ちを聞くことを嫌ったり、自分の考えの是非を論ずるものがあれば、自分を恨んでいると思うものがあり、また、かりそめにも個人的に不和となることを避けたり、相手の面目を失わせることを気の毒に思って、明らかに非であることを知っても正すことをせず、そのままに施行するものがある。これは、一人の役人の小さな感情に違《たが》うことを惜《お》しんで、たちどころに天下万民の大きな弊害を招くものである。これは実に国を滅亡させる政治である。

（巻第一　政体第二　第二章）

相手の意見があきらかに間違っているのに、それを指摘すると相手が怒って意固地になったり、相手の面目を潰してしまったりするため、指摘せずに黙ってしまう。こんな状態が続くと、ついには国が滅亡するとまで太宗は言っています。そこまで重大なことなのかと思うかもしれませんが、このとき、おそらく太宗の念頭には隋のことがあったでしょう。あれだけ強大な国だった隋が、三十八年という短期間で滅んでしまった。その一因は、リーダーを恐れてフォロワーたちが言うべきことを言わなくなっていたからです。

これを言ったら嫌われる。これを言ったら上司は怒るに違いない。反対に、これを言っておけば上司の機嫌を損ねることはないだろう。このように感情をベースにしていると、物事の正しい判断はできません。フォロワーの側は、数字・ファクト・ロジックで正しいと思うのであれば、嫌われようが怒られようが、きちんと意見を主張すべきです。またリーダーの側は、フォロワーたちが意見を言いにくいと感じることのないよう、自分はみんなを信頼していると普段から伝え、率直な意見交換が奨励される環境をつくることが何よりも大切です。

別のところで、魏徴は臣下が意見を言えない理由をこう語っています。

いくじがない人は、忠直《ちゅうちょく》の心を持ちながらも言うことができません。親密でない人は、信用されないであろうことを心配して言うことができません。官職地位を大事に思っている人は、〔うっかりしたことを言えば〕わが身のためにならないであろうことを考えて、言おうとはいたしません。どれもこれも皆、口を閉じてだまっていて、上役や多数の人たちにさからわずに同調して、その日その日を過ごしている理由であります。

（巻第二　求諫第四　第六章）

耳が痛いですね。しかしさきほど太宗が言ったように、意見を言えない組織は弱体化し、やがて国も滅んでしまいます。怒られたくない、地位を失いたくない、という自己保身のために進言をしないことは、実は、自分が所属する組織の持続可能性を失う行為なのです。おかしいと思ったことは、その場で直言すべきです。魏徴の言葉を聞いた太宗は、自分は心を開いてどんな諫めでも受け入れるから、あなたたちも遠慮して言えないということはないようにしてほしいと念押ししています。

後継者選びという困難

貞観十六年、唐の政治が安定期を迎えた頃、太宗は臣下たちに「今、この国で何が最大の急務であるか？ 各人の思うところを聞かせてほしい」と問いかけました。

臣下たちは口々に意見を述べます。「人民の生活の安定を図ることが急務であります」「四方の異民族を撫和《ぶわ》することが急務であります」「論語に『為政者が道徳をもって民を導き、礼義ある風俗によって民を統制する』とあります。これによれば、礼義を盛んにすることが急務であります」。そんななか、諫議大夫の褚遂良は次のように述べました。

現今の世は、四方の人民が、皆、陛下の人格を仰ぎ慕っておりますから、決して悪い行いをする心配はありません。ただ、皇太子と諸王とについては、ぜひとも、一定の分限を設けなければなりません。陛下よ、この際、万世の後までも手本となるよい法をお定めになり、それを子孫に残されるのがよろしいと考えます。これこそ、当今の最大の急務でございます。

（巻第四　論太子諸王定分第九　第四章）

太宗には、庶子（正妻ではない女性の産んだ子）を含めると四十人近い子どもがいました。褚遂良は、後継者である皇太子と、そうでない子どもの違いを明確にし、跡継ぎのルールを決めておかないと、後継者争いによって国が滅びかねないと危惧していたのです。

太宗は、褚遂良の意見をもっともだとし、こう続けました。

我は年齢が五十になろうとし、早くも肉体と気力との衰えを感じている。長子の承乾《しょうけん》は皇太子と定めて東宮に住まわせている。が、諸弟や庶子は、その数が四十人近くもいる。いつも心に憂慮しているのは、真にこの処遇の問題についてである。ただ、古来から、長子とその異母弟とに、善良な人物がなかったときには、国家を傾敗させてしまわなかった例はなかった。公等は、我のために、知恵もあり人格もすぐれた人物を捜し出して、皇太子を補佐させ、なお諸王たちにまでも、すべて正しい人物を求めてほしい。その上、官人たちの諸王に仕える者は、同一人物が長年仕えるようにしてはならない。長年にわたって仕えていれば、主君びいきの情が深くなり、思いもよらない身分不相応の野望の多くは、こうした関係から起こるものである。だから諸王府の官僚は、同一人が四年を越すことがないようにせよ。

（同前）

歴史が物語るように、人間にとって一番難しいのは後継者選びです。君主が最後に望むのは、次世代のリーダーを選び、自分がつくった組織を確実に受け継がせることでしょう。

実は、太宗ほどの名君でも、後継者選びには苦労をしました。太宗は長男の李承乾*2を皇太子にしましたが、彼は遊び好きで素行が乱れ、さらに弟の李泰《りたい》*3の暗殺まで企てたため、帝位継承レースから外されて最後は一般人に格下げとなりました。

結局、太宗に次ぐ第三代皇帝には李治《りち》（高宗《こうそう》*4）が就きました。太宗の九番目の男子です。この高宗の妻が、中国史上唯一の女帝となる武則天《ぶそくてん》*5です。ここが歴史の本当におもしろいところで、太宗が後継者選びに失敗したがゆえに、後継者の妻の武則天という天才的な女性が歴史の表舞台に出てきた。旦那がいまいちだったばかりに彼女が能力を開花させ、大唐世界帝国の地盤を固めたのです。唐の地盤を築いたのが太宗と武則天であることは、疑いようがありません。

太宗が後継者選びに失敗したのは、単純に優秀な子どもがいなかったからでしょう。優秀だと思って皇太子にした承乾が期待はずれだったので、残っている子どもの中から選ぼうと思ったら、優秀な子があまりいなかった。幸いにして部下たちが優秀なので、「彼らの言うことをよく聞く、おとなしい子なら大丈夫だろう」という理由で李治を選んだのだと思います。それが結果的にいい方向に出て、しかも妻が天才的に優秀だったので、さらにいい結果となったのです。

会社を含むあらゆる組織でも、リーダーの後継者をどうするかは重要な問題ですね。会社でいえば、リーダーは部下にとって労働条件のすべてです。大将が誰になるかによって、メンバーみんなの幸不幸が決まります。野球でいえば、選手は少しくらい間違えても構いませんが、監督が間違えたらシーズンを通して負け続けます。

後継者選びの基準になるのは、もちろんリーダーとしての能力があるかどうか、リーダーの器を備えているかどうかです。歴史を振り返ってみると、後継者選びがもっともうまくいったのはローマ帝国の五賢帝[*6]ではないでしょうか。ネルウァ、トラヤヌス、ハドリアヌス、アントニヌス・ピウス、マルクス・アウレリウスの五人の皇帝ですが、彼らは世襲制を採らず全員が養子で、五代百年の繁栄を築きました。

有終の美を飾れなくなる十の理由

『貞観政要』の最終巻である「巻第十　論慎終第四十」には、これまでの内容の総まとめと、有終の美を飾ることの難しさが語られています。

これまで見てきたように、太宗は贅沢を慎み、徳を磨き、直言することを恐れない臣下をそばに置き、偉大な唐が後世から「光りかがやくばかりに」見えるように心を砕いてきました。しかし、その太宗でさえ、初心を忘れ、少しずつ道を外すようになっていきました。

貞観十三年、魏徴は上表文《じょうひょうぶん》を書いて太宗を諫めました。誠に長大な文章で、諫める魏徴の熱量は圧巻の一言です。そこには、太宗が有終の美を飾れなくなる理由が十書かれていました。皆さんにも長い原文をぜひ読んでいただきたいのですが、ここでは、その内容を要約して紹介することにします。十の理由とは次のようなものです。

①駿馬や珍奇な宝物を買い集め、異民族から軽蔑《けいべつ》されている

②「人民がきままな行動をするのは仕事がないから」という理由で、軽々しく人民を肉体労働で酷使している

③大宮殿をつくりたがっている
④器量の小さい人や人徳のない人とばかり交流して、徳行の備わった人を遠ざけている
⑤商工業のみに力を入れて、農業をおろそかにしている
⑥自分の好き嫌いで人材を登用している
⑦節操なく、狩猟などの娯楽に興じている
⑧臣下への礼節をなくし、臣下に接するときの態度がいい加減になっている
⑨威張《いば》ったり、傲慢になっている。自分の欲望を自制できなくなっている
⑩天災・謀反への備えがおろそかになっている

魏徴はこれでもかとばかりに太宗の過失を列挙し、このままではとうてい有終の美は飾れないとたたみかけています。魏徴がここまで厳しい直言をしたのは、世の中が治まるのも乱れるのも「天子御一人にかかっている」と考えたからです。

魏徴は上表文をこう結んでいます。

当今の太平の基礎は、すでに天よりも高く築かれております。〔しかしなお、せっ

かく築いて来ました太平の基礎も、それを途中でやめてしまったならば、今までの努力もすべて水の泡となり、いわゆる〕九仞《きゅうじん》の功《こう》を一簣《いっき》に欠く[*7]おそれがあります。今は千年に一度だけ現れるという、この聖天子のいます立派な時期であり、このような時は、二度とは得ることができません。賢明なる君主は、それを実行することができる能力がございますのに実行なさらず、そのため、私ごとき卑しい臣下が、心が晴れずして長嘆息いたす理由でございます。（略）どうか、私のごとき愚者の考えの中にも千慮に一得があって、天子の御職責に少しでも補いとなる点がございますように。〔そのようになることができましたならば、たとい陛下のお怒りに触れましても〕死ぬ日が私の生まれた年であると考え、死刑に処せられても満足でございます。

（巻第十　論慎終第四十　第五章）

魏徴の諫言を受け取った太宗は、その思いの深さに打たれ、行いを改めることを誓いました。

我は今、公から過失の点を聞いたので、必ず改めてみせよう。そして、どうか有終の美を成しとげたいものである。もし、この言葉に違反したときは、どんな顔をして、公に会うことができようぞ。それればかりか、公の進言以外のどんな方法で天下を治めることができようぞ。公の上疏《じょうそ》を得てから、くり返し十分に研究し、その言葉は強く、道理は正しいことを深く悟った。そこで、とうとう、それを屏風《びょうぶ》に仕立て、朝な夕なに仰ぎ見ることにし、また、史官に命じて記録させた。どうか千年の後の者が、これによって、君臣の義を知ってほしいものである。（同前）

中国史上最大の名君と呼ばれた太宗でさえ、気が緩み、倹約の気持ちを失ってしまうのですから、凡庸な人間であればなおさらのことです。太宗には、魏徴をはじめ、自分を諫めてくれる臣下がいました。だからこそ、正しい道に戻ることができたのです。今日のリーダーたちは、自らのそばに魏徴を置いているでしょうか。

僕がライフネット生命の社長、会長を務めていたときは、伊佐《いさ》誠次郎常勤監査役に魏徴の役割をお願いしていました。彼は年上で、僕のことを非常によく知っていた。ほかの生命保険会社の専務だった方で、保険に関する知識も経験も大変豊富です。しかも年功序列主義者で、僕に対していつも「俺のほうが年上だから言うことを聞け」と諭《さと》してくれました。そういう人がいたからこそ、僕は十年、会社を経営してこられたと思っています。僕が大筋で道を誤らなかったとすれば、それはすべて伊佐常勤監査役のおかげです。

『貞観政要』が読み継がれてきた理由

『貞観政要』には、「リーダーはどのようにしてフォロワーを動かせばいいのか」というリーダー側の視点と、「フォロワーはどのようにしてリーダーに直言すればいいのか」というフォロワー側の視点の双方が描かれています。皆さんも仕事や生活の中で、あるときは人をまとめる役、あるときは支える役と、さまざまな役割を担っていることと思います。ですから、どんなときにもどんなケースでも、この本は参考になるはずです。

中には、『貞観政要』はトップの謙虚さと部下の諫言の必要性が延々と繰り返されていると感じる人がいるかもしれません。しかしここで重要なのは、なぜ同じことが繰り返されているか、ということです。それは、リーダーの自制やフォロワーの直言は、その重要性がわかってはいても、普通の人間にはなかなか実践できないことだからです。だからこそ、繰り返し、手を替え品を替え、あらゆる比喩や引用を駆使して、その重要性が説かれているのです。

僕も三十歳ごろに『貞観政要』を読んで以来、この本を常に自分の手の届くところに置いています。そして折に触れてはページを開き、「自分は部下の言うことをよく聞いているか」などとわが身を振り返っては反省しています。本を開けば、あの魏徴が叱ってくれる。これほど贅沢なことはないと思っています。

何か問題が起こったとき、僕は「太宗だったら、あるいは魏徴だったら、どう対処するだろうか」と考えます。判断に迷うような難しい問題は、そうそう起こるものではありませんが、直面したときには、「太宗だったら、魏徴だったら、どう判断するだろう」と考えてみる。それだけで心に余裕が生まれますし、原点に戻ることができます。すると、そこから落ち着いて現状を見渡して、「よし、今回はこうしよう」と判断をくだすことができる。

『貞観政要』は歴史をくぐり抜けてきた古典として、いきいきと今に生き続けています。

＊1　『荀子』からの引用

戦国時代の儒家・荀子（名は荀況、生没年不詳）の著書『荀子』中の「王制篇」から引用された文章。荀子は、孟子の性善説に対して性悪説を唱えたことで知られる。

＊2　李承乾

?〜六四五。太宗の長男、太宗と文徳皇后（長孫無忌の妹）の間でも長男。子ども時代は聡明で皇太子に立てられるが、長じて音楽・女色に耽溺し、廃嫡を恐れて泰の暗殺をはかるも失敗。六四三年、廃太子・幽閉の処分を受ける。

＊3　李泰

?〜六五二。太宗の次男、太宗と皇后の間でも次男。幼い頃から文章がうまく学問好きと評判だったが、長じては賄賂を使ってまで自身の聡明さを宣伝、太宗の愛情を承乾から奪うような人物だった。承乾廃嫡後は自分が皇太子になるものと信じていたが、太宗は、長孫無忌・房玄齢・褚遂良の三人（杜如晦は十三年前に、魏徴はこの三か月ほど前に死去）だけを呼んで話し合ったすえ、李治の立太子を決めた。

＊4　李治（高宗）

六二八〜六八三。高宗は廟号。第三代皇帝（在位六四九〜六八三）。太宗の第九男で、太宗と皇后の間の第三男。外戚の長孫無忌らの支援で皇太子となり、帝位にも就いたが、彼らの反対を抑えて武則天を皇后とした。

＊5　武則天

六二四?〜七〇五。高宗の二人目の皇后。周（武周）の皇帝（在位六九〇〜七〇五）。商人の家に生まれ、太宗・高宗の後宮に入る。六五五年、王氏に代わって皇后となり、王氏を支援する長孫無忌や褚遂良らを朝廷から追放。六九〇年には聖神皇帝と称して周王朝を開く。かつては唐の政治を混乱させた女禍として非難されたが、今日では新人材の思いきった大量採用、数々の改革や文化事業が高く評価される。

＊6　五賢帝

五賢帝の時代（九六～一八〇）はローマ帝国の最盛期で、世襲制でなく養子制により優秀な人物が皇帝に指名された。マルクス・アウレリウス（在位一六一～一八〇）が病没すると、長男コンモドゥス（在位一八〇～一九二）が跡を継ぎ、五賢帝と養子制の時代は終わりを迎えた。

＊7　九仞の功を一簣に欠く

『書経』の「旅獒篇」に出てくる言葉。「仞」は距離をはかる単位で「九仞」は高いこと、「簣」は土を運ぶもっこのこと。高い山を築くときに最後のもっこ一杯分の土が足りないために山が完成しないこと、つまり、あと一歩のところまできたのに、最後のわずかな手抜きのために大事業が完成しないことのたとえ。

ブックス特別章

たくましいフォロワーとして生き抜くために

組織に必要なのは有能なフォロワー

　ここまでは『貞観政要』から、リーダーとはどうあるべきか、何に注意すればいいのかというリーダーの視点を中心に、フォロワーの視点にもふれながら読み解いてきました。太宗が優れたリーダーであることは間違いないでしょう。ですが、もう一人のキーパーソン、魏徴も太宗に負けず劣らず優れた人物だと気づいた人も多いのではないでしょうか。魏徴なくしては『貞観政要』は成り立ちません。太宗が優れたリーダーシップを発揮できたのは、魏徴という優れたフォロワーを得たことも大きかったでしょう。

　そこで特別章では、『貞観政要』からフォロワーのあり方を考えていきます。

　太宗には、魏徴や房玄齢、杜如晦ら優れたフォロワーがたくさんいました。なぜ太宗は、それほどたくさんの優れたフォロワーを集めることができたのでしょうか。『貞観政要』からは、その秘訣を読み取ることができます。

一つは受け皿を広くしたことにあるでしょう。唐を建国し、都の長安には各地からたくさんの人が集まってくるようになりました。武人、文人、商人、僧侶などです。その中には仕官を志願する人もいました。『貞観政要』に太宗の臣下としてたびたび登場する馬周[*1]もその一人です。馬周が太宗に登用されるいきさつを紹介します。

太宗はその日のうちに馬周をお召しになった。〔太宗は待ちかねて〕まだ到着しない間に、四度も使者を脈遣して催促した。馬周がお目通りしたとき、太宗はお話して〔その人物才能がすぐれていることを〕非常に喜んだ。門下省《もんかしょう》に詰めさせ、間もなく監察御史《かんさつぎょし》を授け、しだいに中書舎人《ちゅうしょしゃじん》に任じた。（巻第二　仁賢第三　第八章）

馬周は、おそらく太宗が有能なリーダーだから仕えたいと考えて、今でいう転職活動のために長安に来ていたのでしょう。職を求める人が有能な上司のもとで働きたいと考えるのは、いつの時代も同じです。馬周は太宗に認められ官位に就くことができました。その後のフォロワーとしての活躍ぶりも『貞観政要』に記されています。

門戸を大きく開けばフォロワーは集まる

太宗は、少数精鋭の組織が必要だと考えていましたが、少数の尖った人だけを登用したのではありません。太宗のもとで働きたいという志を持った人たちを追い返すことなく受け入れ、それぞれに見合った仕事を与えています。

少数のエリートにしか門戸を開かないのであれば、多くの候補者を集めることはできません。しかしそこに行けばいい仕事が見つかる、と話題になれば、どんどん人は集まってきます。当時の長安はそういう状態だったと思えばいいでしょう。

「働きアリの法則」を聞いたことがあるでしょうか。「二対六対二の法則」とも言います。働きアリの集団を観察すると、だいたい二対六対二くらいの割合で、よく働くアリ、普通に働くアリ、怠け者のアリに分かれます。怠け者のアリを排除して集団をつくってもやはり二割程度のアリは怠けるようになるのです。逆に怠け者のアリだけで集団をつくると、八割程度は働くようになります。

なぜそうなるのかは解明されていませんが、怠け者のアリは遊軍のような存在で、生物が集団を維持するためには必要なのだという説が有力です。怠け者のアリは、緊急時の交代要員でもあります。グラウンドで熱心にプレーしているアリが何らかの事情で動けなくなったときには、働き方が変わるのです。全員が一所懸命に働く集団よりも控えのメンバーがいる集団の方が、持続可能性が高いことがわかるでしょうか。メンバーの働き方が一律ではないことも一種のダイバーシティですね。太宗は、遊軍としての人員も必要だという考えもあって志願者の多くを受け入れたのでしょう。

国家のリーダーにとっては雇用対策も重要な課題です。特に建国して新体制に移れば、必然的に失業者が出ます。太宗はその点にも気を配っていたのではないでしょうか。

ただし、どれだけ受け皿を広くしたところで人事採用担当者が怠けていれば採用はうまくいきません。貞観二年（六二八年）、太宗が尚書省右僕射（副長官）の封徳彝《ほうとくい》に、有能な人材を見つけて推薦するよう命じたときのことです。封徳彝は、なかなか報告にきません。そこでどうなっているのかと問いただしたところ、「怠けているわけではなく、有能な人材が見当たらないんです」と返しました。太宗は、次のようにたしなめます。

前の世の明君は、臣下の人を使うのに、それぞれの器量に応じて使った。才能のある人物を別の時代から借りて来たものではなくして、皆すべて、人材をその時代の中から採用したのである。なにも、〔殷の高宗が〕傅説《ふえつ》*2を夢に見、〔周の文王が〕

呂尚《りょしょう》＊3に出会うという〔ような奇蹟が起こるの〕を待ってから、その後に政治をするものであろうか。いつの時代でも賢才がないということがあろうか。ただ、〔あたら有為の賢才がいるのにもかかわらず〕それを取り遺《のこ》して、知らないということを、いちばん心配するだけであるぞ。

（巻第三　択官第七　第三章）

太宗が挙げている傅説は殷の名臣、太公望呂尚は周の軍師です。太公望呂尚は日本では釣りの名人として知られています。

「有能な人材が見つからない」というのは、今も多くの経営者やマネジメント層が抱える悩みです。太宗は部下からそう言われて、かつて有能な人材とされた人物は、別の時代から借りてきたわけではなく、その時代にいたのだから、必ずどこかにいるはずだ、探し方が悪いだけではないか、と言い訳を切り捨てています。封徳彝は、返す言葉がありませんでした。有能な人材は探せば見つかるのです。

「自家薬籠中のもの」という言葉があります。もとは唐の武則天、第4章で紹介した太宗に次ぐ第三代皇帝高宗の妻で中国史上、唯一の女帝として知られる則天武后の名臣、狄仁傑《てきじんけつ》＊4の言葉です。

自分の薬箱に入れてある薬のように、思う通りに利用できることで、すっかり身についた知識や技術、あるいは思い通りに動かせる人物をいいます。どの病気にも対応できる多様な薬が備わっている薬箱のように、自分たちの政府にはどのような政治課題でも解決できる優秀な人材がたくさん育っていることを指しました。

武則天が優れたリーダーであったのは言うまでもありませんが、フォロワーにも恵まれていたということです。武則天が実質的に権力を握っていた約半世紀は穏やかな時代が続き、農民の反乱もほとんど起きなかったことにも通じます。

過去にこだわれば有能な人材を獲得し損ねる

受け皿を広くしてたくさんの候補者に当たったら、次は採用基準を明確にすることです。太宗は先入観を持たずに人物の能力だけで判断しました。魏徴が、もとは太宗（当時は李世民）の兄、李建世に仕え、世民の殺害を進言し続けていた人物であることは、第1章で紹介した通りです。太宗は、過去の経緯を気にして有能な人間を取り逃すことはデメリットでしかないと考えたのでしょう。

『貞観政要』では、太宗の功臣八人を紹介しています。魏徴、馬周、太宗が即位する前から仕えていた房玄齢、杜如晦、隋の煬帝のもとで武人として功績を挙げた李靖、文学に精通し、書家としても名高い虞世南《ぐせいなん》とそれぞれ出身地も経歴も大きく異なる人たちです。

太宗がそれぞれの能力を見極めて臣下を登用した結果、多種多様な人材が集まりました。つまりダイバーシティに富む組織だったのです。

歴史上もっともダイバーシティを実践したリーダーといえば、第1章でも述べたように、モンゴル帝国の第五代皇帝クビライでしょう。能力を重視して、思想や宗教、信条とは関係なく、有能な人を登用しました。

新首都、大都（現在の北京）の建設の実質的な責任者はアラビア人、南宋攻略というクビライにとって生涯最大の作戦の最高司令官に抜擢したのは、タブリーズ（イラン）からきた三十八歳のモンゴル人でした。大唐帝国にしてもモンゴル帝国にしても長く繁栄した国は、人種や宗教などに寛容なのです。とくにクビライの時代は、思想、信条や宗教によって迫害を受けた人の数が歴史上、相対的にもっとも少ない時代だといえるでしょう。

イノベーションが起きる組織とは？

第3章でダイバーシティの重要性を説きましたが、日本企業では今も組織のダイバーシティを進めることに抵抗を示す人が少なくありません。「異質な人は秩序を乱す」

「異分子が入ると意思決定が遅くなる」と誤解しているのです。

製造業の工場では、素直で我慢強く、協調性があり、空気が読めて上司の言うことをよく聞く人間が多いほど生産性は高くなることが多いでしょう。

しかし世界経済はサービス産業にシフトしています。そのような社員を五人集めたところで面白いアイデアが出るでしょうか。イノベーションを起こすなら、多様な背景や価値観を持つ人たちが混じり合った方がいいのです。イノベーションのすべては既存知の組み合わせから起きます。既存知と既存知の距離が遠い組み合わせほど大きなイノベーションを生むのです。

ダイバーシティが進むと、コミュニケーションコストがかかると心配する人もいますが、実際は逆でしょう。同質的な人間が集まっている日本企業は、同質性がほとんどないグローバル企業よりも意思決定に時間がかかります。

なぜなら同質的な人間の集団ではお互いが遠慮し合ってなかなか議論が進まないからです。普通なら一回で済む会議を二回、三回とやることが多いでしょう。一回で済ませたい場合は、事前に時間をかけて根回ししますよね。どうしても進めたい案件は、前もって反対しそうな人に事情を説明して了解をとっておくのです。

グローバル企業ではそれぞれの背景が大きく違いますから、根回しは通用しません。

お互い忖度なしで、数字・ファクト・ロジックをもとに議論します。だから意見がまとまるのが早く、合理的な判断ができるのです。

ダイバーシティを目的化しない

もちろんダイバーシティを実践しようとする組織も増えています。注意してほしいのは、ダイバーシティが目的化しても意味がないということです。企業が男女の昇進差別をなくして、外国籍の人も積極的に採用するようにしたとしましょう。それでも企業の基幹部門の管理職には従来通り、新卒で入社して真面目に勤めてきた男性しかいないで、女性や外国籍の人は周縁部門の管理職にしかなれないのであれば、ダイバーシティの本質をわかっていないと言わざるを得ません。またたとえば、二〇二三年の岸田政権の内閣改造では、過去最多の五人の女性閣僚が誕生したいっぽうで、発足時点では副大臣と政務官は五十四人全員が男性でした。これでは、うわべだけの女性登用と言われても仕方がないでしょう。

フォロワーに必要な覚悟

太宗は、結果としてダイバーシティに富む人材を確保しました。しかしながら魏徴ほどの才能と覚悟をもって諫言役を務められる人間はそう簡単には見つかりません。後世、ダイバーシティを実践したクビライですらそうだったのですから。

魏徴は、普通の人が言いづらいと感じることも怯《ひる》まず口にしました。太宗の娘が結婚するときもそうです。太宗が、自身の姉妹が結婚するときの嫁入り支度よりも倍にするよう命じたと聞いた魏徴は、道理としてよくないと反対しました。太宗も納得しそれを皇后に伝えたところ、皇后は驚嘆して次のように言いました。

魏徴が申し上げていることは、非常に公平でございます。これこそ、道義をもって君主の欲望を抑制しており、真実、国家の重臣であります。私は、陛下と、成人したばかりで夫妻となり、ねんごろな礼敬をお受けいたし、〔夫妻としての〕情義は実に深くかつ重いものがあります。〔そのようであっても〕何か申し上げようとする度に、必ず陛下の顔色をうかがい、軽々しく威厳を犯すようなことは、とてもできません。まして、臣下の場合には〔夫婦の情愛ほどには〕親密ではなく、礼儀にも隔りがあります。どうして、言いにくくないことがありましょうや。

（巻第五　公平第十六　第五章）

諫言を聞き入れるかどうかは太宗にかかっています。正しい諫言であっても受け入れられるかどうかはわかりません。正しい諫言をした臣下を処罰した例は多く残っています。すべては皇帝の意向で決まるのですから、思い切ったことは言いにくいのです。皇后ですらそうだと打ち明けています。

太宗には臣下の諫言を受け入れる覚悟がありましたが、魏徴も相当な覚悟をもって諫言役に徹していたのです。魏徴は太宗に仕えるのではなく国家に奉仕するという信念を持っていたのでしょう。だから、太宗の言動の良し悪しを判断できたのです。

上司である太宗の期待にしっかりと応えた魏徴は、年齢を重ね、自身の健康問題を理由に何度となく退職を願い出ています。しかし太宗はその願いを受け入れませんでした。

人生感意気（人生、意気に感ず）
功名誰復論（功名誰か復《ま》た論ぜん）

この詩は日本でもよく知られている、魏徴の『述懐』という詩の最後の二行です。現代語では「人生で大切なことは、心の触れ合える人がいるということだ。わが身の栄誉など、誰が問題にするものか」というような意味でしょうか。

太宗がつねに自分を戒めたように、魏徴も慢心することはありませんでした。太宗が「今の自分があるのは魏徴のおかげ」と称えてもやんわりと否定しています。別のときには「必死に太宗を磨いているけれど、太宗は、伝説の聖天子であった堯や、舜や、禹のレベルにはまだ達していない。太宗が立派な宝石になっていないのは、自分の磨き方が甘いからだ。自分の力不足を恥じている」と述べるほど魏徴の志は高かったのです。

上司も部下も組織のひとつの機能にすぎない

魏徴が、フォロワーのあるべき姿について前漢の劉向《りゅうきょう》の撰書『説苑《ぜいえん》』をもとに六つの正しい行いと、六つの愚かな行いを挙げています。箇条書きにして紹介しましょう。

まず正しい行いです。

① 物事のきざしがまだ動かず、そのきざしがまだ現れない前に、明らかに国家の存亡の分かれめ〔にかかわるか否か〕を見抜き、前もって事が起こらぬときに押さえ止め、主君には〔何のかかわりも心配もさせずに〕高く離れて尊く栄える地位

に立たせる。このような者は聖臣である。

②　何物にもとらわれず、わだかまりのない心で、善を行い道に精通し、主君に礼儀を実践させ、主君にすぐれたはかりごとを進言し、主君の美点は奨励し従い導き、主君の欠点は正して救う。このような者は良臣である。

③　朝は早く起き夜は晩《おそ》く寝て〔仕事に精を出し〕、賢者を進めることに怠らず、度々往古の聖人の立派な行いを申し上げて、主君の心を励ます。このような者は忠臣である。

④　事件の成功するか失敗するかを明らかに観察し、早く危険を防いで救い、くい違いを調整し、禍《わざわい》の原因を絶ち、禍を転じて福とし、主君には少しも心配させないようにする。このような者は智臣である。

⑤　法律を尊重し、賢人を推挙し、職務に精励し、高禄を辞退し、賜物を人に譲り、衣食は節倹を旨とする。このような者は貞臣である。

⑥　国家が乱れたとき、おもねりへつらうことを為さず、進んで主君のおごそかな顔を犯し、〔怒りを恐れずに〕面前で主君の過失を述べて諫める。このような者は直臣である。

（巻第三　択官第七　第十章）

フォロワーの役割は、リーダーの指示に従うことではないのです。未来を予測して提言し、リーダーの過ちをただし、ときに諫言することが必要だと説いています。

これも先に述べたように、企業において上司も部下も組織を運営するための機能のひとつに過ぎません。果たすべき役割が異なっているだけのことです。それぞれが自身の役割を十分に果たせば組織がうまく機能します。

サボりもゴマすりも厳禁

次に愚かな行いを見てみましょう。こちらも六つです。

① 官職に安住して俸禄だけを欲張り、公務に精励せず、ただ世俗に順応して行動し、ひたすら周囲の情勢をうかがっている。このような者は愚臣である。

② 主君の言葉はすべて善であるとほめ、主君の行為はすべて良いとほめ、ひそかに主君の好むものをつきとめて、これを主君に進めて主君の耳や目を喜ばせ、主君に迎合してやたらに気に入るようにし、主君と共に楽しんで、その後の害などは少しも心配しない。このような者は諛《ゆ》臣である。

③ 心の中は陰険邪悪であるのに外面の容貌は小心謹厳で、口が上手で温和な顔

をし、立派な人物をねたみ嫌い、自分が推挙しようとする人物は、その長所だけを明らかにして短所を隠し、退けようとする人物は、その短所だけを明らかにして長所を隠し、主君に賞罰は正しく行われず、命令は実行されないようにさせる。このような者は姦臣《かんしん》である。

④　その知恵は自分の非をごまかすのに十分であり、その弁舌は自分の主張を実行させるのに十分であり、家庭内では骨肉の間柄を離間させ、外では朝廷内にもめごとを作りあげる。このような者は讒《ざん》臣である。

⑤　権勢を自分の思うままにし、自分に都合よいように〔善悪可否の〕標準を変更し、自分の家を中心にして徒党を組んで私財を富まし、自分勝手に主君の命令を変更して自分の地位や名誉を高める。このような者は賊臣である。

⑥　よこしまなへつらいの言葉によって主君を不義に陥れ、仲間同士がぐるになって〔賢者を排斥して〕主君の眼をくらまし、白も黒も一緒にし、是も非も区別をなくし、主君の悪事を国中に広め、四方の国々にまでも聞こえさせる。このような者は亡国の臣である。

（巻第三　択官第七　第十章）

いずれもこれをやってしまうと組織が機能しなくなる、というものです。能力の低さを問題にするものはありません。組織では、自身の役割を果たすための方法を間違えることがいけないのです。

もし皆さんが自分に向いていない役割についたら我慢せずに場所を変えればいいと思います。ここに挙げた正しい行いができない、愚かな行いをしそうになる、としたら、自分にとっても組織にとっても不幸なことです。

魏徴は、六つの正しい行いと六つの愚かな行いをつねに心に留めていたのでしょう。

上司と部下は以心伝心ではない

これまで見てきたように、太宗と魏徴はまさに理想的な関係と言えますが、それでも二人の関係はときに揺らぐこともありました。魏徴が自分の親族を依怙贔屓《えこひいき》していると いう声が上がったときのことです。太宗は別の臣下に調べさせましたが、そのような事実はありませんでした。それなのに太宗は「彼に私心がないとしても何らかの責任はある」という臣下の意見を取り入れ、魏徴に「疑われるようなことはしないように」と伝えました。魏徴は心外だったのでしょう。

私が聞きました言葉に、「君臣というものは、気持ちがぴったりと一致し、その関係は、一心同体である」とございます。私は、いままでに、私心のない正しい道をとらずして、ただ、外面的な形跡だけを主とするということを聞いたことがございません。もし、君臣も上下も、皆すべてこの〔外面的な他人の思惑ばかりを考えるという〕ような道に従っていたならば、国が興るか滅びるか、どうなるものかわかりません。

（巻第二　直諫　第四章）

魏徴は冷静に太宗の非を指摘しました。太宗も開き直ったりせず、すぐに自身の非を認め謝罪しています。せっかく築いた信頼関係がどちらかの何気ない一言で崩れてしまうのはよくあることですが、二人がその危機を回避できたのは、互いに感情で動かなかったからです。これほど信頼し合った二人でも以心伝心はありえません。魏徴は不満を言葉で伝え、太宗は「以前にあの言葉を発したとき、すぐにそれを後悔した」と率直な言葉で謝罪しています。

時代と才能の掛け算で歴史は動く

太宗は第二、第三の魏徴を求め続けましたが、魏徴ほどの人物は見つからなかったようです。魏徴が亡くなったあとで嘆く場面があります。

昔は魏徴だけが、常に私の過失を明らかにしてくれた。彼が死んでから後は、たとい過っても明らかにしてくれるものがない。我は、なんで〔魏徴が生きていた〕往時にだけ非があって、今日はすべて是《ぜ》であるということがあり得ようか。そのわけは多くの役人たちが、むやみに順従して天子の御機嫌《ごきげん》を損うことをはばかるからであろうか。〔このことについて〕自分は自己の心をむなしくして少しもわだかまりを持たず、迷いを払いのけて心の中に反省するわけである。

（巻第二　仁賢第三　第三章）

太宗がここまで嘆くほど魏徴の能力は傑出していました。リーダーにしろフォロワーにしろ、傑出した才能の持ち主、天才が現れるのはランダムで、養成することはできません。天賦の才を養成できると考えるのは矛盾していますね。第3章で少し触れましたが、大谷翔平選手のような選手を「養成」することはできませんし、第二の大谷翔平選手が登場するのがいつになるかはわかりません。

歴史を動かすような傑出したリーダーが現れるのは、時代と才能が偶然に一致したときです。その最たるリーダーが、フランス革命後に頭角を現したナポレオン[*5]です。ナポレオンはフランス革命後に処刑されるはずだったということがいくつかの文献によって示されています。フランス革命の優秀なリーダーたちが処刑される中、ナポレオンは偶然生き残りました。そして軍を率いてネーションステート、国民国家という概念を生み、フランス革命が生んだ自由・平等・友愛というイデオロギーを実体化しました。それが軍の大きな力となり、対仏大同盟に対抗できたのです。

そして皇帝に就任し、フランス民法典（ナポレオン法典）を公布しました。フランス民法典は、初めて所有権を明文化した法律です。所有権が認められたことで、資本主義経済が機能するようになりました。

ナポレオンの影響はヨーロッパだけではなくラテンアメリカにまで及びました。フランス革命という大きなエネルギーが流れた時代に、軍事の天才ナポレオンが登場したことで、大変革が起きたのです。まさに時代の幸運でした。ナポレオンの才能はこの時代だからこそ生きたのです。

決断できた日本のリーダー三人

日本でも時代と優れた才能が一致した例はあります。江戸幕府の老中で、ペリーが来航したときに対応した阿部正弘[*6]、明治維新を牽引した大久保利通[*7]、戦後、長く内閣総理大臣を務めた吉田茂[*8]は大きな決断が必要な時代に偶然、現れた優れたリーダーです。

阿部正弘は日本の近代化の功労者の一人と言っていいと思います。世界の情勢を熟知していた彼は、これから日本が目指すべき目標として、開国、富国、強兵の三つを立てました。そして一八五四年に日米和親条約を結び、箱館と下田を開港し、二百年以上続いていた鎖国を断ち切ったのですから大変な英断です。明治維新のグランドデザインを描いたのも阿部正弘でした。

阿部は三十代の若さで病死しましたが、薩摩出身の大久保利通が阿部の志を引き継ぎます。大久保利通は、明治の新政府ができたばかりで国内が安定していない時期に、多くの大臣を引き連れて世界の視察に出かける岩倉使節団を断行しました。彼らに欧米列強の実態を直接見せたことで明治政府のレベルが上がったのです。だからこそ明治維新は成功したと言えるでしょう。

吉田茂は、サンフランシスコ講和会議で全面講和ではなく単独講和に踏み切りました。世界をリードしているのはアメリカなのだから、極論すればアメリカとだけでも講和すれば、日本は経済発展できると考えたからです。開国と富国、強兵のうち強兵は日米安保条約で代替し、開国と富国に力を注げばいいという英断が戦後の日本の経済発展につながりました。

有能なリーダーに恵まれなかった時期もあります。日露戦争から第二次世界大戦へといたる時期もそうでした。

リーダーは育てるよりも資質を見抜く

僕は「リーダーを養成するにはどうすればいいですか?」と聞かれると、「できません」と答えています。リーダーになる資質がある人を見つけ出すことはできても養成する方法はないのです。部下として有能であっても管理職として有能かどうかがわからないのは、スポーツの世界で名選手が名監督になれるわけではないのと同じです。必要なスキルがまるで違いますから。

第4章で詳しく話したように、太宗は後継者選びに苦労しました。中国の皇帝の中でもっとも優秀だったと言われる清の康熙帝《こうきてい》*9も後継者選びには失敗しています。この時代は世襲でしたから息子に英才教育をほどこせばいいと考えがちですが、リーダーを育てることが難しいことを歴史は示しています。

歴史上、後継者選びにもっとも成功したのは、古代ローマのカエサルです。彼が選んだのは、姪の息子オクタヴィアヌスでした。軍事的才能には恵まれなかったものの政治の天才で、共和制から事実上の帝政へと移行し、初代皇帝アウグストゥスとなります。

これは一人の人間が支配する専制政体の構築を目指したカエサルの遺志を継ぐものです。
昔の日本の商家でも、息子の出来が悪くて「商売は無理だな」と判断すると、娘を優秀な番頭さんと結婚させて後継者とすることがありました。優れたリーダーが必要なら育てるよりも資質を見抜くことが賢い方法です。

フォロワーこそが世の中を変えていく

歴史を動かすような傑出したリーダーが現れるのは偶然で、リーダーは育成するよりも資質を見抜くことが有効だとしたら、フォロワーにできることはリーダーの資質を見抜いて選ぶことです。民主主義の社会では選挙でリーダーを選ぶことができますから、リーダーに恵まれない時代であってもフォロワーとして世の中を変えていくことは可能です。

そのためには選挙に行くことです。日本の国政選挙の投票率は五〇％台で推移していますが、これはＯＥＣＤ加盟国の中でも低い数値です。民主主義のベースになっているのは、「少数の人を長時間だますことはできる、また多数の人を短時間だますこともできる、しかし多数の人を長期間だますことはできない」という人類の経験則です。だから選挙をもっと有効に機能させなくてはいけないのです。

連合王国の宰相チャーチル[*10]は、「民主主義は最低の政治形態だ。ただしこれまでの王制や貴族制を除いては」という名言を残しています。今は皇帝が後継者選びに苦労した時代とは違うのです。リーダーを自分たちで選ぶことができるのですから、進歩しました。

「選挙に行っても世の中が変わる気がしない」「投票したい人がいないから選挙に行っても仕方がない」と言う人がいますが、それは未来を諦めるのと同じことです。選挙のたびに投票したからといってすぐに社会が変わることはないでしょう。それでも前より少しはマシな人を探してください。リーダーは何度も入れ替えなければいけないのです。忍耐強くそれを続けることをフォロワーは覚悟しなくてはいけません。

優れたフォロワーになるために

優れたフォロワーになるためには、これまでたくさんの場所で言ってきたように、人・本・旅でインプットして、タテ・ヨコ・算数で物事を考える習慣を身につけることです。

タテは歴史的な視点、つまり昔の人はどう考えていたか、ヨコはグローバルな視点、つまり世界の人がどう考えているか、そして算数とは、数字・ファクト・ロジックを指します。

「年金保険料を払っても、将来、自分は年金を受け取れないのではないか」と不安になるなら、自分自身で日本の年金制度を調べてください。日本で年金制度が機能しなくなることはありません。ただしいくら受け取れるかは、変動します。たくさん受け取りたいなら、経済成長を促して、賢い政府をつくることです。賢い政府をつくるためには、どうすればいいか、もう皆さんはわかりますよね。

傑出したリーダーが現れるのは偶然だ、と言いましたが、優れたフォロワーが増えれば、社会が成熟しますから、それだけ有能なリーダーが登場する確率は高まります。

古代ギリシアのアテナイは市民が活発に議論を行っていました。市民社会がとても成熟していたのです。だから大勢の哲学者が生まれました。その頂上にいるのが、西洋哲学を確立させたソクラテス[*11]とプラトン[*12]です。

この先、世界で何が起こるかは予測できません。しかし自分自身の頭で考えて、選択を行ったり、類推したりすることは可能です。

これからどんな世界をつくってどう生きていくかを決めるのは私たち一人ひとりの意思にかかっています。

＊1　馬周
六〇一～六四八。唐の政治家。博州茌平出身。長安で中郎将だった常何の食客となる。貞観五年から太宗に仕え、監察御史、さらに中書舎人の任に就いた。

＊2　傅説
生没年不詳。殷の宰相。殷の第二二代王武丁（のちの高宗）が、説という名の聖人を得る夢を見たことからその人物を探させたところ土木工事に就いていた人物を見つけ、武丁は傅という姓を与えた。諫言役として武丁を支え、衰えていた殷は再び栄えた。中国では太公望呂尚（＊3）らと並んで名臣として知られる。

＊3　太公望呂尚
生没年不詳。周の軍師。仕えていた殷の紂王のもとを離れ、殷の支配下にあった周の姫昌（のちの文王）のもとで軍師として活躍。姫昌の死後は息子の姫発（のちの武王）に仕える。姫発が殷を滅ぼし、呂尚は軍功によって斉を封ぜられた。姫昌は呂尚を祖父太公が望んでいた人物としたことから太公望と号した。釣りをしていたときに姫昌から見出されたという逸話から、太公望は釣り人、釣りの好きな人を指すこともある。

＊4　狄仁傑
六三〇～七〇〇。唐の政治家。并州太原出身。高宗、中宗、睿宗、武則天に仕えた。武則天が後継者選びに迷い甥の武三思を立太子しようとしたところ、諫めて断念させ武則天の子である中宗を改めて立太子した。多くの優れた人材を推挙し、そのうちの一人、姚崇はのちに開元の治と呼ばれる唐の最盛期を築いた玄宗のもとで宰相を務めた。仏教への傾倒を深める武則天にたびたび諫言し、大仏製作を中止したこともある。

＊5　ナポレオン
一七六九～一八二一。フランスの軍人。第一帝

政の皇帝。コルシカ島で生まれる。本名はナポレオン・ボナパルト。パリの陸軍士官学校を卒業後、砲兵少尉として任官中にフランス革命が勃発。その後の混乱の中でクーデターに巻き込まれ投獄される。一七九九年に総裁政府を倒して第一統領となり、統領政府を樹立。一八〇四年にフランス民法典（ナポレオン法典）を公布し、国会の議決と国民投票によって皇帝に即位。ナポレオン一世となり絶頂期を迎える。一二年のロシア遠征で敗北し一四年に退位。エルバ島に流されたが、一五年にパリに戻り復位。しかし再び失脚しセントヘレナ島で没す。

＊6　阿部正弘

一八一九〜五七。江戸幕府の老中首座。福山藩藩主。二五歳で老中に抜擢され、二年後には老中首座に任命される。一八五三年の黒船来航では中心となって交渉にあたり、五四年には日米和親条約を締結した。

＊7　大久保利通

一八三〇〜七八。日本の政治家。薩摩藩で尊王攘夷を唱える若手藩士のリーダー的存在として活躍。西郷隆盛とともに薩長同盟の締結に尽力する。西郷隆盛、木戸孝允とともに維新三傑と呼ばれ、明治新政府では初代内務卿を務めた。岩倉使節団の副使として欧米を視察。帰国後は殖産興業による日本の近代化に尽力。西南戦争では士族を率いた西郷隆盛と対立、新政府軍が勝利した。

＊8　吉田茂

一八七八〜一九六七。日本の政治家。終戦後、外務大臣としてＧＨＱ（連合故国最高司令部）との交渉に当たった。一九四六年から一九四七年、一九四八年から五四年まで内閣総理大臣を務め、五一年にサンフランシスコ平和条約と日米安全保障条約を締結した。

＊9　康熙帝
一六五四〜一七二二年。清の第四代皇帝。廟号は聖祖。一六六一年八歳で即位し、六一年間に渡って統治した。主要な三つの藩の王が立ち上がった三藩の乱を平定し、台湾、ジュンガル（内モンゴル）、チベットも制圧、中国全土を支配下に収めた。質素な国家運営で減税を行い、黄河の治水も実施、海外との貿易も奨励し、清朝の最盛期を築く。中国の皇帝のなかで在位期間がもっとも長く、名君として知られる。

＊10　チャーチル
一八七四〜一九六五。連合王国の政治家。ウィンストン・チャーチル。商務大臣、内務大臣を務めたのち、海軍大臣、軍需大臣として迎えた第一次世界大戦で敗戦し辞職するも再び大臣職を歴任。第二次世界大戦中の一九四〇年に首相となり、米国のルーズベルト、ロシアのスターリンとともに連合国を導いたが、四五年に退陣。五一年に再び首相となる。在職中に『第二次大戦回顧録』などで五三年にノーベル文学賞を受賞。五五年に政治家を引退。

＊11　ソクラテス
前四七〇頃〜前三九九。古代ギリシアの哲学者。アテナイで生まれる。相手に質問を投げかけ無知であることの自覚を促す問答法によって真理への到達を目指したが、危険人物とみなされて裁判にかけられ死刑となる。自身の著作はなくプラトンらの著作を通して知られる。

＊12　プラトン
前四二七〜前三四七。古代ギリシアの哲学者。アテナイの名門の家系に生まれ、ソクラテスとの出会いをきっかけに哲学を志す。ソクラテスを主人公とした『ソクラテスの弁明』『メノン』『パイドン』『饗宴』『国家』など多数の著作がある。教育にも力を注ぎ、創設した学園アカデメイアは約九〇〇年続いた。

おわりに

僕は二〇一八年一月から六年間、立命館アジア太平洋大学（ＡＰＵ）の学長、つまりリーダーとして大学の運営にたずさわりました。心がけたのは自分のこだわりや価値観を捨てて、器を空っぽにすることです。

会議のやり方ひとつとっても、それぞれの組織にはそれぞれのやり方があります。たとえば、スタート時間の五分前から全員が着席している会議もあれば、スタート時間間際に人が集まり始める会議もあるでしょう。

僕も自分では気づいていなかった思い込みがいくつかありましたが、その都度その思い込みを捨てて、この場所のやり方に自分を合わせ、なぜそのやり方を続けているのかを知った上で、改善点を見つければ提案するようにしました。

そしてこの本でもお話ししたように、リーダーのもっとも大きな役割は決断を下し、それに対してすべての責任を取ることです。そのひとつが、コロナ禍の始まりだった二〇二〇年二月、卒業式と入学式を開催するかどうかを決断することでした。

前例がない事態でしたから、どちらに決めても批判にさらされることは避けられません。歴史を調べ、専門家の話を聞くなどして判断材料を集めたら、あとは腹を括《くく》って決断するだけ。ＡＰＵには、卒業式に参加することを楽しみにしている家族が世界中にいましたから、決断を先送りして他大学の動向を待つ、という選択肢は僕にはありませんでした。

そして二月二〇日、三月の卒業式と四月の入学式の中止を発表しました。その時点で国内の他大学は判断を保留していましたから、ＡＰＵがもっとも早い決定だったことになります。

ＡＰＵでリーダーとして楽しく仕事をすることができたのは、優秀なフォロワーに恵まれたからです。

ご存知の方もいらっしゃるでしょうが、僕は二〇二一年一月に脳出血を発症し、療養のため一年間休職しました。新学部の開設に向けて準備を進めている最中のことでしたが、予定通り二〇二三年四月に新学部「サステイナビリティ観光学部」がスタートしています。リーダーが不在であっても優秀なフォロワーが揃う組織なら十分なパフォーマンスを発揮することができるのです。

学生がＡＰＵで学ぶ環境を整えることもリーダーの大切な役割です。学長室は、僕が在室しているときはつねにドアをオープンにして誰でも入ってこられるようにしました。コロナ禍では学費の支払い期限を延長してもらえないかと相談に来た学生がいたので、その場で事務局に行き、緊急時の対応ができないかを検討して報告するよう求めるとともに、スチューデントオフィスのスタッフを紹介して「相談にのってあげてほしい」と伝えました。

キャンパスに出て学生たちと会話することも大きな楽しみのひとつで、電動車いすを使うようになってからも続けました。電動車いすの運転技術はずいぶんと上達しています。広いキャンパスではスピードを出しすぎて「出口さん、スピード違反です」と職員から注意されたこともありました。

ＡＰＵの学生、卒業生にはリーダーの資質を持った人たちも多くいます。いつか歴史を大きく動かすようなリーダーが誕生するかもしれませんね。僕も楽しみにしています。

各地の大学は何年も前から少子化や経済の不況を背景に、大学改革が喫緊の課題であると言われ続けています。経営母体が変わったり、学部の統廃合が行われたりすることも増えてきました。

しかし大学は学問の府ですから、利潤最大化を目的とした民間企業の論理とは別の論理を持っています。それが学問の自由です。安定した運営を続けるためには経営視点も必要ですが、それが学問の自由を脅かしては本末転倒です。

学問の府としてＡＰＵを発展させたい。これがリーダーとしてつねに考えていたことです。

本書は、ＮＨＫ「１００分de名著」２０２０年1月のテキスト「貞観政要」をもとに、特別章を加筆して書籍化したものです。テキスト刊行時には番組プロデューサーの秋満吉彦さん、ディレクターの加藤寛子さん、ＮＨＫ出版の粕谷昭大さん、構成の山下聡子さんにお世話になりました。単行本化に際しては、ＮＨＫ出版の髙原敦さん、何度も僕の本の構成をお願いしている今泉愛子さんの助けを得ました。ありがとうございました。

『貞観政要』はリーダーにもフォロワーにも参考になる古典ですが、実際に読むとなるとなかなか大変です。真面目な人はこの本を読むことは「ズルをしているみたい」と後ろめたく感じるのかもしれませんが、この本でも十分、『貞観政要』のエッセンスを理解してもらえると思います。それで興味が湧いてくれれば、現代語訳版の『貞観政要』を読めばいいのです。

なお、ご意見があれば、hal.deguchi.d@gmail.comまでお寄せください。

皆さんのリーダーとしての、そしてフォロワーとしての活躍を期待しています。

二〇二四年一月

立命館アジア太平洋大学　学長特命補佐

出口治明

本書は、「NHK100分de名著」において、2020年1月に放送された「貞観政要」のテキストを底本として加筆・修正し、新たにブックス特別章「たくましいフォロワーとして生き抜くために」などを収載したものです。

装丁・本文デザイン／菊地信義＋水戸部 功
編集協力／山下聡子、鈴木由香、北崎隆雄、
福田光一、小坂克枝、
今泉愛子
本文組版／荒重夫
図版作成／小林惑名
協力／NHKエデュケーショナル

p.001 『貞観政要』伏見版 林羅山旧蔵（国立公文書館所蔵）慶長五（1600）年刊
p.013 太宗李世民（台北・国立故宮博物院所蔵）
p.045 林羅山『貞観政要諺解』昌平坂学問所旧蔵（国立公文書館所蔵）寛文九（1669）年刊
p.075 「歩輦図」（北京・故宮博物院所蔵）
p.099 高宗（上）・武則天（下）

出口治明(でぐち・はるあき)

1948年三重県生まれ。立命館アジア太平洋大学(APU)学長特命補佐、ライフネット生命創業者。京都大学法学部卒業後、日本生命に入社。ロンドン現地法人社長、国際業務部長などを経て2006年に退職。同年、ネットライフ企画(株)を設立し、代表取締役社長に就任。08年3月、生命保険業免許取得に伴いライフネット生命保険(株)に社名変更。12年上場。社長・会長を10年務めたのちに退社し、2018年1月から23年12月までAPU学長を務め、24年1月より現職。

自身の経験と豊富な読書にもとづき、旺盛な執筆活動を続ける。おもな著書に『生命保険入門 新版』(岩波書店)、『仕事に効く 教養としての「世界史」I・II』(祥伝社)、『全世界史(上)(下)』(新潮文庫)、『人類5000年史』シリーズ(ちくま新書)、『0から学ぶ「日本史」講義』シリーズ(文藝春秋)、『哲学と宗教全史』(ダイヤモンド社)、『一気読み世界史』(日経BP)、『ぼくは古典を読み続ける 珠玉の5冊を堪能する』(光文社)など多数。

NHK「100分de名著」ブックス
貞観政要
～世を革《あらた》めるのはリーダーのみにあらず

2024年2月25日　第1刷発行

著者――――出口治明

発行者―――松本浩司

発行所―――NHK出版
〒150-0042　東京都渋谷区宇田川町10-3
電話　0570-009-321(問い合わせ)　0570-000-321(注文)
ホームページ　https://www.nhk-book.co.jp

印刷・製本―広済堂ネクスト

Printed in Japan　ISBN978-4-14-081956-2　C0098